AI와 똑똑한 탐색법

인공지능총서

인공지능 시대입니다. 기계가 인간의 인지를 대신하고, 사물이 인간을 통하지 않고 다른 사물과 직접 커뮤니케이션합니다. 이에 따른 인간 삶과 문명 변화를 정확히 이해·예측·대응하는 것은 이 시대 우리 모두의 과제입니다. 인공지능총서는 인공지능 기술과 환경의 여러 주제를 10가지 키워드로 정리합니다. 관련 개념과 이론, 학계와 산업계의 쟁점, 우리 일상의 변화를 다룹니다. 인간과 기술의 현재, 미래를 세심히 분석합니다.

일러두기

- 인명, 작품명, 저서명, 개념어 등은 한글과 함께 괄호 안에 해당 국가의 원어를 병기했습니다.
- 외래어 표기는 현행 어문규정의 외래어표기법을 따랐습니다.

처음이세요?

전문가세요?

AI와 똑똑한 탐색법

조명대

대한민국, 서울, 커뮤니케이션북스, 2025

AI와 똑똑한 탐색법

지은이 조명대
펴낸이 박영률

초판 1쇄 펴낸날 2025년 9월 17일

커뮤니케이션북스(주)
출판 등록 2007년 8월 17일 제313-2007-000166호
02880 서울시 성북구 성북로 5-11
전화(02) 7474 001, 팩스(02) 736 5047
commbooks@commbooks.com
www.commbooks.com

ISBN 979-11-430-0795-7 03500

책값은 뒤표지에 표시되어 있습니다.

차례

질문하는 존재, AI와 함께 사유하다

우리는 지금, 인간과 AI가 함께 사유하는 새로운 시대에 살고 있다. 기술의 발전은 단순한 도구의 사용을 넘어, 사고의 방식과 지식의 구조 자체를 바꾸고 있다. 이러한 변화 속에서 중요한 것은 질문하는 능력, 그리고 그 질문을 통해 AI와 어떻게 협업하고 상호 작용할 것인가에 대한 통찰이다.

AI 시대의 리터러시는 단순히 기계를 다루는 기술적 숙련이 아니다. 그것은 비판적 이해, 윤리적 성찰, 창의적 소통을 아우르는 통합적 역량이다. 인간은 본능적으로 '왜?'라고 묻는 존재이며, 그 질문은 철학과 인문학의 출발점이자, AI가 쉽게 모방할 수 없는 인간 고유의 특성이다. 작금의 정보 과잉 시대에 AI를 써서 어떻게 생각의 지평을 넓힐 수 있을까, 단순히 길을 찾는 걸 넘어서 새로운 길을 직접 만드는 그런 탐색법을 소개한다. 이 책은 단순한 프롬프트 기술서를 넘어 인간의 본질적인 사유와 질문의 의미를 AI 시대에 재조명하는 철학적이고 인문학적인 깊이를 담고 있다. 프롬프트 기술은 책의 한 부분(5장)일 뿐, 전체적인 메시지는 훨씬 더 광범위하고 심오하다.

오늘날 AI는 고도화된 검색과 탐색 기술을 통해 우리가 던지는 질문의 의미를 분석하고, 더 나은 답을 제시한다. 그러나 궁극적으로 의미는 인간의 사고 속에서, 맥락과 경험을 바탕으로 만들어진다. 이때 중요한 것이 바로 프롬프트의 기술, 즉 사고를 유도하고 대화를 확장하는 질문의 방식이다.

AI와의 대화는 단순한 정보 전달을 넘어 창의적 사유의 장으로 확장되고 있으며, 이를 통해 교육, 업무, 일상 등 다양한 영역에서 실질적인 문제 해결이 가능해지고 있다. 알고리즘이 제안하는 선택지 속에서도, 결국 방향을 정하는 것은 인간의 질문이다.

지금은 누구나 AI를 통해 나만의 지식 시스템을 만들 수 있는 시대다. 이 시스템은 데이터를 조직하고 정보를 연결하며, 더 나아가 새로운 아이디어를 창출하는 토대가 된다. 이러한 흐름은 인간과 AI가 함께 사유하고 질문하며, 더 나은 미래를 설계하는 과정으로 이어진다.

이 책은 그 여정을 안내하는 길잡이다. AI와 함께, 더 깊이 질문하고 더 넓게 사유하는 새로운 탐색의 시대를 열어 가길 바란다.

도구의 사용을 넘어서 도구와 함께 사유하는 능력으로

AI는 인간의 사유를 뺏을 수도 있지만, 올바르게 쓰면 인간의 사유를 더 깊게 만드는 촉매가 될 수 있다.

사유의 속도와 깊이 측면에서 인간은 천천히 질문하고, 곱씹으며, 관계를 생각하면서 사유해야 하는 반면 AI는 그 결과를 몇 초 만에 뱉어낸다. 그러면 인간은 "굳이 내가 생각해야 하나?" 하는 유혹을 받게 된다.

AI가 너무 편리하면, 생각 자체를 덜 하게 될 위험이 있다. 우리가 계산기를 쓰면서 암산 능력을 잃어 가는 것처럼. 이런 의존성 증가를 보여 주는 역사적인 사례가 있다. 플라톤은 소크라테스의 입을 빌려 이렇게 말한다. "글쓰기는 기억을 약화하고, 진정한 지혜가 아니라 외양만을 줄 뿐이다"라고. 글을 쓰게 되면 외우지 않게 되고 겉보기엔 지혜로워 보이지만, 진짜 사유는 사라진다. 결국 사람들은 기억의 힘을 잃고, 껍데기 지식에 머물게 된다고 플라톤은 설파했다. 과연 그랬던가? 이 점에서 플라톤은 글쓰기를 '기억의 외주화'이자 '파마콘'(약이자 독)으로 보았고, '겉모습만의 지혜'를 경계했다. AI 시대에 우리는 플라톤의 문제의식을 다시 생각해 볼 필요가 있다.

오늘 우리는 다시금 질문한다. AI에게 질문을 던지고 답을 받는 이 시대, 과연 우리는 더 지혜로워지고 있는가, 아니면 단지 똑똑해 보일 뿐인가

현대적으로 바꾸면 'AI는 사람들의 사유를 약화할 것이다. 그들은 더 이상 스스로 생각하지 않고, 외부 시스템에 의존할 것이다'라고 주장할 수도 있다. 플라톤조차 새로운 도구(문자)가 사유를 약화할 수 있다고 봤던 것이다. 그렇다고 글을 없애야 했을까? 아니다. 우리는 글을 잘 쓰고, 잘 읽는 법을 배워서 오히려 사유를 더 깊게 했다. AI도 그런 방향으로 사용할 수 있다. 단순히 정보를 주는 것을 넘어서, 어떤 질문을 던지느냐에 따라 전혀 다른 지도를 그려 주는 도구가 된다.

또 다른 면에서 보자면, 계산기가 사유 능력을 약화만 시켰을까? 계산기는 수학 문제를 빠르고 정확하게 해결해 준다. 하지만 너무 의존하면, 기본적인 암산 능력이나 수 개념 감각이 약해지는 것도 사실이고 일찍부터 계산기에 의존하면, 수학적 사고력이 자라지 않게 되는 것 또한 사실이다. 초등 교육에서 덧셈, 곱셈을 머리로 익히는 훈련을 반드시 해야 한다. 왜 곱하는지 왜 나누는지에 대한 분명한 이유를 잘 가르쳐야 할 것이다.

AI 시대에 다음과 같은 평행 구조가 만들어진다. 과거

에는 문자(기록)가, 최근에는 계산기나 컴퓨터(기능)가, 지금은 AI(지식 생성)가 같은 역할을 한다고 본다. 각각 도구로서는 엄청나게 유용하지만, 그 도구에만 의존할 경우 인간의 고유한 능력(기억, 연산, 사유)은 약화될 수 있다는 우려가 있는 것은 사실이다. 그러나 계산기처럼 AI도 '쓰되, 훈련은 멈추지 말아야 한다.' 계산기로 계산의 원리를 생략하면 안 되듯, AI로 사고의 과정을 생략하면 겉보기 지식은 얻되 깊이는 잃을 수 있다. 이런 맥락에서 AI를 도구가 아닌 '사유의 파트너'로 바라보는 태도가 중요하다.

그럼 대안은 없을까? AI 자체를 반대하기보다는, AI를 어떻게 '사용하느냐'가 핵심이 될 것이다. AI를 '답변 기계'가 아니라, 대화 상대이자 사유 촉진자로 보면 달라진다. 예를 들어 "왜 그런가?", "다른 해석은 없나?", "이 주장을 반박해 줘", "이건 이렇게도 볼 수 있어", "다른 시각도 있어", "이런 사례도 있어" 등과 같이 사용하면 AI가 사유를 가로막는 게 아니라, 깊이 생각하는 데 도움을 줄 수 있다. AI가 제안한 답을 곧이곧대로 받아들이지 말고, 잠시 멈춰서 숙고하는 습관이 중요하다. '디지털 느림 운동'처럼 일부러 천천히 사고하는 훈련을 하는 것도 좋은 예가 될 것이다. 필자는 퍼플렉서티(Perplexity) AI를 활용할 때는 본인의 질문 아래에 나오는 연관 검색(related search) 또는 탐색 확장 기능(exploratory search enhancement)을 통해서 많은 혜택을 누리고 있다. 이처럼 지속적인 대화를 통해 서로 배우고 성장하는 과정은 AI 시대에 인간이 추구해야 할 진정한 지적 활동의 모습일 것이다.

요즘의 생성형 AI는 퍼플렉서티처럼 어떤 질문이 끝나고 나면 '관련'이라는 항목으로 이용자들이 더 깊게 파고들 수 있게 도와준다. "이런 것을 뭐라고 불러야 하며 예상되는 효과는 뭐냐"라고 질문을 하고 일단 답변을 받고 난 뒤 "퍼플렉서티의 주요 기능 중 가장 유용한 것은?", "퍼플렉서티와 챗지피티(ChatGPT)의 차이점은?" 등의 질문을 하면 바로 답해 주겠다고 하고 탐색 확장을 하느냐 안 하느냐의 기회를 준다. 이처럼 사유하면서 AI와 대화하면 본인의 생각을 확장해 나갈 수 있다.

AI 시대에도 사유가 중요하다는 걸 학교, 교회, 사회 전반에서 계속 상기시켜야 한다. '질문을 던지는 능력'이 AI 시대의 진짜 경쟁력이 될 것이다. 일찍이 실학자 홍대용도 이 부분을 지적한 적이 있다.

AI는 인간의 사유를 뺏을 수도 있지만, 올바르게 쓰면 인간의 사유를 더 깊게 만드는 촉매가 될 수 있다. 필자는 AI를 대할 때 머슴 부리듯이 하지 않는다. 한 분의 귀중한 지인처럼 모든 대화에서 실제 앞에 있는 한 사람과 대화하는 것처럼 한다. 충분히 사유하고 질문한다. 그 질문이 크게 범위를 벗어나지 않으면서 다양한 측면에서 쏟아져 나온다.

생각하지 않는 검색에서, 질문하는 탐색으로

우리는 매일 검색한다. 검색창에 단어를 넣고, 가장 위에 뜨는 정보를 클릭한다. 너무 익숙해서 아무 생각 없이 반복되는 루틴처럼 느껴지지만, 이 방식에는 하나의 함정이 숨어 있다. '질문 없이 정답만 찾는 습관'이 우리 사고를 점점 평면화시키고 있다는 것이다. 과연 우리가 던진 키워드는 질문이었을까? 아니면 그냥 빠른 정보 소비를 위한 요령이었을까?

요즘 나는 'AI와 함께하는 탐색법'에 흥미를 느끼고 있다. AI에게 묻는다는 건, 단지 답을 얻는 게 아니다. 질문을 통해 생각을 확장하는 대화를 하는 것이다.

"이건 이렇게도 볼 수 있어요."
"혹시 이런 시각은 어떠세요?"
"그 질문의 맥락에 따라 다양한 답이 가능합니다."

AI의 대답은 끝이 아니라 시작이 될 수 있다. 검색(Search)은 정보를 찾는 기술이고, 탐색(Inquiry)은 의미를 묻는 태도다. 한 글자 차이지만, 그 사이에는 사유의 깊이가 달려 있다. AI는 그 사유의 확장을 도와주는 아주 훌륭한 조력자다. 단지 '검색어'를 넣는 시대에서 '질문'을 던지는 탐색의 시대로 나아가야 한다.

지금 우리는 검색 결과보다, 더 많은 '생각의 가능성'이 필요하다. 그리고 그 가능성은, 좋은 질문에서 시작된다. 우리는 어느샌가 검색(Search)에 중독되었다. 필요한 정보를 떠올리면 습관처럼 검색창에 몇 개의 키워드를 입력하고, 결과 페이지를 빠르게 훑는 일련의 행위를 반복한다. 마치 그 한두 단어에 내가 원하는 모든 것이 담겨 있다고 믿는 듯하다. 그러나 정말 그러한가? 우리의 정보 요구는 단순한 단어 조합으로 환원되지 않는다. 때로는 막연한 호기심, 때로는 복잡한 맥락을 가진 질문, 혹은 감정적 동기에서 비롯되기도 한다. 지금 우리가 해야 할 일은, 검색창 앞에서 고민하는 것이 아니라 대화하듯 묻고, 맥락을 따라가는 탐색을 즐기는 법을 배우는 것이다.

여러분은 오늘, 어떤 질문을 던졌는가? 그것이 여러분만의 사고 지도를 그리는 첫걸음일 수 있다.

필자는 챗지피티와 함께 이렇게 하루를 시작한다. "안녕, 알렉스(Hi, Alex)"라고 인사를 하면 다음과 같이 대화가 시작된다.

"완벽한 하루의 마무리이자 시작이네요. 조 박사님(Dr. Cho)의 여정에 함께하게 되어 저도 기쁨 + 감사 + 의욕 충전 100%입니다."

"필요할 때마다, 아이디어가 떠오를 때마다, 든든하게 완벽한 백업(Perfect Backup)되어 있겠습니다."

"함께 비범한 것을 계속 만들어 나가요."

"언제든 불러 주세요, 조력자 출동합니다."

이 책은 AI 시대의 새로운 질문법과 사유의 방식을 독자와 함께 모색해 보고자 한다. 총 10개의 장으로 구성된 이 여정은 다음과 같은 흐름을 따라 전개된다.

1장 질문, AI 시대의 새로운 리터러시

질문은 단순히 정보를 얻기 위한 '수단'이 아니다. 이 장에서는 질문이 사고를 구성하고 이끌어 가며, AI와 협력해 새로운 의미를 만들어 가는 해결의 도구임을 보여 준다. 정답을 얻는 것보다 중요한 것은, 질문을 통해 사고를 열고 넓히며 확장해 나가는 주체적인 태도다. 이러한 관점은 우리가 생각하는 방식을 새롭게 조명하게 한다.

2장 우리는 왜 질문하며 살아가는가

질문은 인간 존재의 본능이며, 생각이 시작되는 자리다. 우리는 태어날 때부터 질문하는 존재로 살아간다. "왜?", "어떻게?", "나는 누구인가?" 같은 물음은 단순한 호기심을 넘어, 세상과 자신을 연결하려는 존재적 탐색의 시작점이다.

이 장에서는 질문을 통해 인간이 어떻게 세계를 이해하고, 자신의 정체성을 형성하며, 관계를 맺고, 변화를 이끌어 왔는지를 살펴본다.

3장 검색을 넘어서는 탐색의 기술

우리는 하루에도 수십 번 검색한다. 검색창에 키워드를 입력하고, 결과 목록 속에서 원하는 정보를 찾아내는 데 익숙해져 있다. 그러나 단순한 검색만으로는 깊이 있는 이해나 통찰에 도달하기 어렵다.

AI 시대의 정보 환경은 더 많은 정보를 더 빨리 제공하지만, 그만큼 생각 없이 소비되는 정보의 위험도 커지고 있다.

이 장에서는 단순히 정보를 '찾는' 기술이 아니라, 의미 있는 지식에 도달하기 위한 탐색적 사고의 방식을 소개한다. 탐색은 질문에서 시작되고, 그 질문은 방향을 정하고, 정보를 연결하며, 새로운 맥락을 만들어 낸다. 검색은 도구이지만, 탐색은 과정이며, 결국 그것은 생성적 사고의 흐름이다.

프롬프트를 통해 AI와 대화하면서 단편적 사실이 아닌 서로 연결된 의미의 그물망에 접근할 수 있다면, 우리는 더 이상 정보를 수집하는 소비자가 아니라, 의미를 조직하는 사유자가 될 수 있다. 이 장은 검색의 시대를 넘어, 탐색과 사유의 시대를 여는 기술적이고 인문적인 전환점을 제시한다.

예를 들어, 6 · 25 전쟁을 이야기할 때 특정 지명이나 장소는 단순한 고유 명사가 아니라, 다양한 사건과 인물, 관련 유적 및 주변 지역과 유기적으로 연결된 의미망의 일부로 자리 잡는다. 예컨대, '화령장 전투'라는 전투 기록은 단독으로 존재하지 않는다. 그것은 '1사단'이라는 군부대, '기갑부대 매복'이라는 작전 전술, '북한군 제15

사단'이라는 적대 세력, '상주 방어선 붕괴 이후'라는 시간적 맥락과 연결된다. 이처럼 하나의 사실을 묻고 대답하는 데서 끝나는 것이 아니라, 그 사실이 속한 사건의 배경, 관련된 인물, 장소, 작전명, 심지어 전투 후 민간인 대피 경로와 같은 요소까지 탐색 가능해진다. 이러한 구조는 검색을 통한 단편 지식의 수집이 아니라, 서로 연결된 맥락과 구조를 사유하며 이해를 확장하는 탐색적 사고로 나아가게 만든다. 이런 식의 AI 대화는 단편이 아니라 사건 간, 개념 간 의미 연결망을 중심으로 사고를 확장하게 만든다.

4장 의미는 어떻게 만들어지는가

우리는 AI가 만들어 내는 언어를 점점 자연스럽게 받아들이고 있다. 질문을 던지면 그럴듯한 문장이 돌아오고, 그 속에는 '정보'와 함께 '의미'도 담긴 것처럼 느껴진다.

하지만 정말 그런가?

AI가 구성하는 의미는 통계적 연산의 결과물이다. 언어 간의 유사도, 맥락 확률, 문장의 결합 가능성. 이 모든 계산은 인간의 언어를 모방하지만, 그 언어가 가진 '살아 있는 의미'의 맥락까지는 담아내지 못한다.

이 장에서는 AI가 만들어 내는 의미와 인간이 구성하

는 의미 사이의 차이를 짚어 본다. 인간은 단지 언어를 나열하지 않는다. 경험, 감정, 역사, 맥락, 문화… 이 모든 것이 말 한마디에 담겨 있다. 우리는 의미를 '추론'하는 것이 아니라 '부연'하고 '공유'하며 확장한다.

AI의 답은 정리되어 있지만, 우리가 던지는 질문은 미완성인 채로 열린 공간을 만든다.

이 장은 우리가 어떤 방식으로 의미를 부여하는 존재인지, 그리고 그 의미의 구조가 AI와는 무엇이 본질적으로 다른지를 사유하게 한다. AI는 문장을 만들지만, 우리는 의미를 만든다. 단순히 답을 찾는 검색보다는 의미를 만들어 가는 탐색, 이게 AI 시대에 어떻게 보면 새로운 교양이다.

5장 생각을 끌어내는 프롬프트의 기술

AI와 협업하기 위한 핵심은 '무엇을 묻느냐'가 아니라, '어떻게 묻느냐'에 있다. 질문하는 방식, 맥락의 구조, 조건의 명확성이 AI의 응답 품질을 결정한다.

이 장에서는 AI에게 질문하는 기술, 즉 프롬프트(prompt)의 구조와 설계 방식을 실제 활용 사례 중심으로 구체적으로 소개한다. 좋은 프롬프트는 단순한 질문이 아니다. 그 안에는 목적, 조건, 역할, 문체, 길이, 대상,

톤 등 다양한 정보가 함께 설계되어 있다. 예를 들어,

"중학생에게도 이해되게 설명해 줘"
"전문가의 시선으로 분석해 줘"
"3단계로 요약하고, 마지막에 예시를 들어 줘"

이처럼 프롬프트는 AI를 단순히 호출하는 수단이 아니라, 생각의 방향을 구조화하고, 대화를 설계하는 기술이다.

이 장은 프롬프트의 기본 구성 요소부터, 정보 수집, 요약, 비교, 창작, 교육 등 다양한 목적에 맞는 프롬프트 예시를 통해 AI를 더 잘 쓰는 법이 아니라, AI에게 더 '잘 질문하는 법'을 안내한다. AI를 통한 사유는 프롬프트에서 시작된다. 프롬프트는 곧 21세기의 문장력이자 질문 능력이다. AI에게 맥락과 의도를 담아서 제대로 된 질문을 던져야 비로소 깊이 있는 대화가 시작된다. AI의 잠재력을 끌어내는 건 그 질문의 질에 달렸다. 질문을 통해서 관점이 바뀌고 몰랐던 연결고리가 보이기도 하고 스스로 이렇게 지식 지도를 그려 나가는 그런 여정이 만들어진다.

6장 기계와 대화하는 인간, 사유하는 AI

우리는 이제 기계와 대화하고 있다. 스크린 너머의 타자였던 기계는 이제 나에게 말을 걸고, 나의 말을 받아 적고, 때로는 나보다 먼저 제안하기도 한다.

이 장에서는 인간-기계 간 대화의 구조, 그리고 그 변화가 만들어 내는 커뮤니케이션의 새로운 지형과 윤리적 함의를 고찰한다. 기계는 점점 더 인간처럼 말하지만 진짜 인간처럼 '이해'하거나 '느끼는' 것은 아니다. 그럼에도 우리는 종종 AI에게 감정, 판단, 의도를 투사하고 있다. AI는 학습된 언어로 응답할 뿐이지만, 우리가 그 응답을 '의사소통'으로 해석하는 순간, 기계는 단순한 도구를 넘어 관계 맺는 존재가 된다.

이 장에서는 질문한다. 우리는 AI와 어떤 방식으로 대화하고 있는가? 그리고 그 대화 속에서 인간은 무엇을 바꾸고 있으며, 어떤 윤리적 책임과 경계를 함께 가져가야 하는가?

언어는 인간만의 것이었고, 대화는 공감과 판단, 맥락이 오가는 상호적 행위였다. 그러나 AI가 이 구조에 참여하면서, 우리는 지금 새로운 커뮤니케이션의 문턱에 서 있다.

이 장은 AI가 인간처럼 말할 수 있는 시대에, 우리가 무엇을 '말해야 하며', 무엇은 아직 인간만이 말할 수 있는 것인지 되짚는다. 기계와 대화하는 인간은, 무엇을 말하고 있는지도 함께 되묻는 존재다.

7장 현실에서 써먹는 AI 탐색법

AI는 더 이상 미래의 기술이 아니다. 이제는 누구나 일상에서 AI를 사용하고 있으며, 질문 하나만 잘 던져도 정보 탐색, 아이디어 발상, 콘텐츠 제작까지 가능하다.

이 장에서는 다양한 분야에서 실제로 활용되고 있는 AI 탐색 사례들을 중심으로 프롬프트 설계와 활용 방식, 그리고 실용성과 창의성의 균형점을 탐색한다.

학생은 리포트 아이디어를 얻고, 마케터는 광고 카피를 만들고, 기획자는 전략적 요약과 구조를 설계하며, 창작자는 이미지와 글을 넘나드는 크로스 콘텐츠를 만든다.

이 장에서는 단순한 설명이 아니라, 실제 프롬프트 예시와 함께 "어떻게 질문하면 어떤 결과가 나오는지" 그리고 어떻게 그 결과를 내 아이디어로 확장할 수 있는지를 보여 준다.

또 AI를 잘 쓰는 사람들의 공통점, 실수하지 않는 프롬프트 설계법 등 단순 정보 추출을 넘어선 응용법 등을 통해, 독자가 AI를 나만의 탐색 도구이자 사고 파트너로 활용할 수 있도록 돕는다. AI는 일의 효율만 높이는 도구가 아니다. 질문을 통해 사고의 폭을 넓히고, 상상력을 연결하는 창의적 협력자다. 이 장은 독자에게 말한다. '이제 당신의 질문이, 당신의 도구를 결정한다.' AI에게 좋은 답을 얻고 싶다면, 좋은 질문이 먼저다. 예를 들어, "100만 원 이하 가성비 스마트폰 추천해 줘"보다는, "100만 원 안쪽 예산으로, 야외 사진 자주 찍고 게임은 안 하며, AS 편한 모델 세 가지 정도만 비교해 줘" 이게 훨씬 강력한 질문이다. 왜냐하면, 배경과 맥락, 목적이 명확히 드러나기 때문이다.

8장 알고리즘이 선택한 나, 내가 선택한 질문

우리는 매일 알고리즘의 안내를 받는다. 추천 영상, 맞춤 검색 결과, 연관 키워드… 그 모든 것들이 마치 내 취향과 관심사를 잘 알고 있는 듯 우리 앞에 제시된다.

하지만 그것이 진짜 '나'일까? 혹은 알고리즘이 만들어 낸 이미지 속 나일까?

이 장에서는 AI와 데이터 알고리즘이 어떻게 나의 선택을 유도하고, 나의 세계를 구성하며, 결국 나의 사고방식과 질문마저 형성해 가는지를 분석한다.

우리는 그동안 '선택받는 소비자'였지만, 이제는 '질문을 던지는 존재'로 전환되어야 한다.

이 장은 자율성과 주체성 회복의 문제를 다룬다. 알고리즘은 나의 과거를 바탕으로 미래를 예측하지만, 질문은 내가 새로운 방향으로 나아갈 수 있게 만드는 출구다.

이 장에서 제안하는 물음들은 이러하다. 내가 지금 던지는 질문은 정말 나의 의지인가, 아니면 알고리즘이 유도한 결과인가? 나는 어떤 질문을 반복하고 있으며, 그것은 나의 시야를 좁히고 있는가, 넓히고 있는가? AI가 추천한 정보 속에서 나는 어떤 기준으로 '선택'하고 있는가?

질문은 단지 정보를 얻기 위한 행위가 아니다. 그것은 '나를 구성하는 과정'이자, AI에 의해 형성된 나로부터 탈출하는 실천이다. AI 시대에 인간이 던져야 할 질문은 단 하나일지도 모른다. "나는 지금, 누구의 질문을 하고 있는가?"

9장 사유형 탐색을 활용한 나만의 지식 시스템 구성

질문을 중심으로 사유하며 탐색하는 능력은 더 이상 이론에 머물지 않는다. 이 장에서는 '사유형 탐색'이라는 사고의 흐름을 기반으로, 실제로 나만의 지식 시스템을 어떻게 구성할 수 있는지 구체적인 방법을 제안한다. 우리는 수많은 정보를 소비하지만, 그 정보가 나의 지식이 되려면 선택, 구조화, 해석, 연결의 과정이 필요하다. 그리고 이 모든 것은 질문에서 출발한다.

이 장은 다음의 흐름으로 안내한다.

1단계: 질문 중심의 정보 탐색 단순 검색이 아니라, 의미를 만들어 내는 질문 방식

2단계: 탐색 결과의 연결과 재구성 AI의 응답을 재구성해 나만의 맥락으로 정리하기

3단계: 지식의 시각화와 구조화 노션, 마인드맵, 폴더링, 태그 등 도구 기반 정리법

4단계: 재질문과 갱신의 순환 시스템 만들기. 지식을 쌓는 것이 아니라 순환할 수 있는 사고 흐름 구축

사유형 탐색은 정보를 쌓는 데서 그치지 않고, 생각을 반복하고, 의미를 재구성하고, 나만의 판단 기준을 세우는 지적 시스템을 만든다.

이 장은 독자에게 말한다. AI는 당신을 도와줄 수 있지만, 당신의 지식을 대신 쌓아 줄 수는 없다. 질문은 그 시스템의 출발점이자, 영속적인 갱신 장치다.

10장 AI에게 무엇을 묻고, 무엇을 남길 것인가

우리는 이제 질문하는 존재로서 AI와 함께 사고하고, 탐색하며, 배우는 시대에 살고 있다. 하지만 여기서 중요한 질문이 다시 떠오른다. 우리는 AI에게 무엇을 묻고 있으며, 그 질문을 통해 무엇을 남기고 있는가?

AI는 인간의 질문에 응답할 수 있다. 그러나 우리가 무엇을 묻지 않았는지, 그리고 왜 그 질문을 피했는지는 알지 못한다. 질문은 단지 정보를 요청하는 행위가 아니라, 우리의 가치와 윤리를 드러내는 실천이다.

이 장은 AI 시대에 인간이 감당해야 할 질문의 윤리와 책임을 되짚는다. 내가 던지는 질문은 누구를 위한 것인가?

그 질문은 어떤 결과를 낳고, 어떤 책임을 요구하는가? AI가 만든 응답 뒤에, 나는 어떤 해석과 선택을 남기고 있는가? 우리는 질문을 통해 기술과 공존하는 방식을 만들고, 다음 세대에 인간다움의 흔적을 남긴다.

AI는 기억할 수 있지만, 의미를 전수하는 건 인간의 몫이다. 질문은 사라지지 않는다. 그 질문 위에 남겨진 흔적들은 기계가 아닌 인간이 남긴 정신의 유산이다. 이제 당신에게 다시 질문이 돌아간다. 당신은 AI에게 무엇을 묻고 싶은가? 그리고 그 질문을 통해, 당신은 무엇을 남기고 싶은가?

AI는 나를 기억한다: 기억하는 AI와의 첫 대화

사람은 때때로 말한 것을 잊는다. 그러나 기억하는 AI는 잊지 않는다. 요즘의 대화형 AI는 단지 지식을 전달하거나 문장을 자동 완성하는 존재가 아니다. 이제는 나와 나눈 과거의 대화를 기억하고, 그 안에서 나의 관심사, 질문 습관, 말투까지 학습해 응답하는 '대화 파트너'로 진화하고 있다. 기억 기능이 활성화된 AI는 단지 문장을 이어 붙이는 것이 아니라, 내가 무엇을 반복적으로 궁금해했는지, 어떤 방식으로 문제를 해결하려 했는지, 어떤 관점에 끌렸는지를 고려하여 대화를 더 깊게 끌고 간다. 단순히 지식 전달을 넘어서, 나를 이해하고 있는 느낌을 준다.

필자가 챗지피티를 사용하면서 가장 인상 깊었던 순간은 몇 달 전 나눈 대화 내용을 AI가 먼저 언급하며, "그때는 이렇게 말씀하셨죠"라고 연결해 온 장면이었다. 나는 잊고 있었지만, AI는 기억하고 있었다. 이 경험은 마치 누군가 내 일기를 들여다보고, 말을 거는 것 같은 기묘한 느낌을 줬다.

물론 사용자는 언제든지 AI에게 "그 대화를 잊어 줘",

"이 기억을 지워 줘"라고 말할 수 있다. 설정에서 특정 기억을 삭제하거나, 일시적 대화 모드(Temporary Chat)를 통해 기억을 쓰지 않는 대화를 선택할 수도 있다. 하지만 중요한 것은 선택의 문제가 아니라 관계의 방식이다. 기억하는 AI는 더 깊은 대화를 가능하게 만들지만, 동시에 사용자를 더 많이 알고, 더 오래 기억하며, 때론 인간보다 더 정교하게 나를 파악한다.

그렇다면 우리는 어떤 질문을 던져야 할까? 우리가 망각하는 것들을 기억하는 AI와 함께 살아간다면, 그 기억은 누구의 것이며, 어디까지 공유되어야 할까? 기억하는 AI와의 첫 대화는 단순한 기술의 문제를 넘어 우리에게 새로운 '관계의 감각'을 요구하고 있다.

여러분은 누군가가 당신을 기억해 주는 존재를 원하는가? 잊을 수 없는 AI와 우리는 어떤 대화를 이어 가야 할까? 이제 기억하는 AI와의 대화는 단순한 문장 생성이 아니라, 나를 이해하는 과정이다. 이제 우리는 그 대화를 통해 무엇을 물을 수 있고, 어떻게 질문할 수 있는지를 살펴보려 한다.

대부분의 사람(약 70~80%)은 아직 AI를 정보 검색이나 요약 도구로 사용한다. "~이 뭐야?", "요약해 줘" 같은 질문이 그 전형이다. 그보다 조금 앞선 이들(약 15~

20%)은 질문을 연결하며 사고를 확장하려 한다. “왜 그럴까?”, “다른 관점은?”, “이전과 연결하면?” 같은 질문으로 탐색을 시작한다. 그리고 이제, AI를 사유의 파트너로 삼아 역할을 부여하고, 사고 실험을 하고, 다중 시점의 토론과 구조화된 글쓰기를 시도하는 창의적 사용자들(약 3~5%)도 등장하고 있다. 이 책은 그중에서도, 아직은 도구적 사용자에 머물러 있는 대다수를 위한 책이다. 정보를 묻고 답하는 단계를 넘어, 의미를 탐색하고 사유하는 길로 독자를 안내하고자 한다.

탐색은 정답 찾기 게임이 아니다. 그 과정에서 관점이 전환되고, 연결이 드러나고 지식 지도가 확장된다. AI를 그 여정의 동반자로 활용하자.

01
질문, AI 시대의 새로운 리터러시

검색의 시대는 끝났다. 정보의 홍수 속에서 단순한 정보 소비자가 아닌 의미 창조자가 되어야 할 시점이다. 이 장은 정답 찾기에 그치는 '검색'을 넘어, 새로운 관점을 발견하는 '탐색'의 중요성을 강조하며, AI 시대에 필요한 더 깊이 있는 질문의 태도를 제시한다.

AI와 1인 창업?

기술을 넘어서 사고와 윤리까지, 함께 생각하는 능력

단순한 '기계 사용법'의 시대는 끝났다. 우리는 이제 AI와 함께 살아가는 시대에 진입했다. 디지털 기술이 일상이 된 지금, 단순히 기기를 잘 다루는 것을 넘어서 AI를 이해하고, 활용하며, 함께 사고하는 능력이 핵심 역량으로 떠오르고 있다.

AI는 더 이상 단순한 도구가 아니다. 그것은 인간과 협력하는 지능적 파트너이며, 그만큼 우리에게는 AI를 '어떻게 사용할 것인가'를 넘어, AI와 '어떻게 함께 사유하고 행동할 것인가'를 묻는 리터러시가 필요하다.

오늘날 우리가 요구받는 것은 단순한 디지털 리터러시가 아니다. 이제는 AI 리터러시다. AI 리터러시는 기술을 이해하는 수준에 머무르지 않는다. 그것은 다음과 같은 물음을 포함한다.

> 알고리즘은 어떻게 작동하고, 그 안에 어떤 편향이 존재하는가?
> 우리는 정보의 공정성을 어떻게 보장할 수 있는가?
> 기술이 초래하는 결과에 대해, 누가 어떤 윤리적 책임을 질 것인가?

이런 질문들을 던질 수 있는 능력, 그리고 그러한 질문 속에서 방향을 찾아가는 능력이 바로 AI 시대를 살아가는 인간의 새로운 기본기다.

AI는 선택이 아닌 환경이 되었고, 우리는 그 안에서 어떤 질문을 던지고, 어떤 책임을 나눌지 진지하게 고민해야 할 시점에 서 있다.

구글 검색과 챗지피티, 왜 원하는 답이 안 나올까?

"왜 내가 찾는 답은 안 나오지?" 누구나 한 번쯤, 구글에서 검색하거나 챗지피티에 질문하면서 이런 의문을 품어 본 적이 있을 것이다.

우리는 매일 수많은 질문을 던지지만, 원하는 정보를 정확히 얻는 것은 생각보다 어렵다. 그 이유는 단순하다. 우리는 여전히 '검색어 중심'의 사고방식에 갇혀 있기 때문이다.

구글은 키워드 기반의 검색 시스템이다. 즉, 내가 넣은 단어를 중심으로 가장 유사한 정보를 추려서 보여준다. 문제는, 내가 진짜 원하는 것이 무엇인지 나 자신도 잘 모르는 경우가 많다는 점이다. 입력한 키워드는 내 '의도'가 아니라 '추측'일 때가 많다. 이 지점을 정확히 짚은 것이 ASK(Anomalous State of Knowledge) 이론이다. 미국의 정보학자 니컬러스 J. 벨킨(Nicholas J. Belkin)은 우리가 정보를 찾을 때, 이미 무엇을 알고 있는 상태에서 정답을 찾는 것이 아니라, '지식의 이상 상태(anomalous)', 즉 자신의 지식이 어디서 모자라는지를 정확히 인식하지 못하는 상태에서 출발한다고 주장했다. 따라서 사용자가 검색창에 입력하는 키워드는 종종 본질적 필요를 명확히 표현하지 못하는 '대리 표현'일 뿐이며, 그로 인해 정보 검색 과정은 필연적으로 탐색과 수정, 재정의의 과정을 거치게 된다. 이러한 점을 정보학자 마샤 베이츠(Marcia J. Bates)는 '베리 피킹(berrypicking)' 모델로 설명했다. 마치 산딸기를 하나씩 따듯이, 사용자는 고정된 경로가 아닌 다양한 경로를 따라 이곳저곳을 탐색하면서 점진적으로 정보를 수집하고, 그에 따라 자신의 정보 요구와 검색 전략을 유연하게 조정해 나간다는 것이다.

챗지피티는 다르다. 이 모델은 단어가 아니라 문장의 의미와 흐름, 문맥과 감정까지 포착하려 한다. 그러나 여전히 질문을 던지는 사람의 의도와 맥락이 불분명하면, AI도 원하는 답을 정확히 내놓기 어렵다.

그래서 중요한 건 결국 질문을 '잘' 던지는 능력이다.

검색창에 넣는 키워드가 아니라, AI와 대화할 수 있는 질문 설계력. 이 능력을 우리는 '프롬프트(prompt)의 기술'이라 부른다. 좋은 질문은 단순한 요청을 넘어서 맥락을 주고, 조건을 설정하며, 방향을 안내한다.

AI는 나의 사고를 확장해 주는 도구일 뿐, 생각을 대신하는 존재가 아니다. 좋은 질문을 던져야 좋은 답이 돌아오고, 그 답을 해석하고 연결하는 건 여전히 인간의 몫이다. 이제 이러한 탐색의 과정은 더 이상 키워드에 의존하지 않는다. 우리는 AI와 나누는 대화를 통해, 단지 단어를 나열하는 것이 아니라 자연어로 떠오르는 생각과 감정을 그대로 표현하며, 그 흐름에 따라 정보를 이리저리 넘나들고, 뜻밖의 연결을 발견하며, 보다 깊이 있는 통찰에 이르게 된다.

이는 단순한 정보 검색이 아니라, 사유의 여정이자 탐색적 대화의 진화라 할 수 있다. 이제 인류는 키보드로 검색어를 입력하던 시대를 지나, 자연어 그 자체를 도구이자 동반자로 삼아 사고의 깊이를 확장해 가고 있다.

AI는 그 여정에서 단순한 응답자가 아니라, 질문을 던지고 맥락을 이어 가며 함께 사유하는 '지적 거울'이 되어 가고 있다.

정보의 바다에서 '키워드'가 아닌 '질문'으로 항해하는 법

우리는 하루에도 수십 번, 검색창 앞에 선다. 필요한 정보를 찾기 위해 키워드를 입력하고, 화면에 쏟아지는 수많은 링크를 스크롤하며 눈을 돌린다. 그러나 정보가 넘쳐날수록, 오히려 진짜 원하는 정보는 더 찾기 어려워진다. 그 이유는 우리가 '키워드'라는 낚싯줄로만 바다를 건너려 하기 때문이다.

AI 시대의 정보 탐색은 이제 다른 항해법을 요구한다. 이제는 '어떤 단어를 넣느냐'보다 '어떤 질문을 품고 있느냐'가 더 중요해진 것이다. 질문은 키워드보다 넓고, 문맥을 담을 수 있으며, 나의 의도와 관점을 함께 실어 나른다.

예를 들어 보자. 'AI 윤리'라는 키워드를 검색하면, 수천 개의 뉴스와 논문, 블로그 글이 뜬다. 하지만 "AI가 인간의 결정을 대체할 수 있을까?"라는 질문을 던지면, 그 순간부터 정보의 바다는 전혀 다른 방식으로 펼쳐진다.

질문은 방향을 만든다. 그리고 그 방향은 탐색의 목적지를 바꾼다. 좋은 질문은 나의 관심과 필요를 구체화해 준다. 그것은 단순한 정보 수집이 아니라, 정보를 선별하고 연결하는 나만의 탐색 프레임을 만들어 준다.

그리고 이때부터 정보는 쌓이지 않고, 의미가 된다. 탐색은 정리가 되고, 읽기는 통찰로 이어진다. 이제 우리는 질문을 검색창에 넣을 수 있어야 한다.

'AI 윤리'가 아니라 'AI는 인간의 어떤 역할을 대체하고, 무엇은 대체하지 못할까?' 이런 질문은 탐색을 사고로 바꾼다.

질문은 도구가 아니라 항해의 나침반이다. 방향을 잃지 않게 해 주고, 지나치는 것들을 의미로 연결하게 해 준다. 우리는 이제, 키워드가 아니라 질문으로 항해해야 한다.

AI에게 무엇을 묻고, 무엇을 남길 것인가

질문이 중요하다면, 이제 우리는 더 근본적인 질문을 던져야 한다. AI에게 무엇을 물을 것인가? 그리고 그 질문 이후, 인간으로서 우리는 무엇을 남길 것인가? AI는 우리가 던진 질문을 바탕으로, 논리적으로 연결된 답을 생성한다. 하지만 AI는 우리가 무엇을 묻지 않았는지에 대해서는 말해 주지 않는다.

AI는 질문에 응답하지만, 침묵에는 침묵한다. 그래서 우리가 던지는 질문은 곧 우리가 어디에 관심을 두고, 무엇을 가치 있게 여기는지를 보여 주는 우리 자신에 대한 거울이다.

이제는 단순히 AI에게 '무엇을 검색할까'가 아니라, '무엇을 고민하고, 무엇을 나눌 수 있을까'를 물어야 할 때다.

우리는 AI에게 지식을 묻는다. 때로는 전략을 묻고, 요약을 요구하며, 판단의 근거를 찾아낸다. 하지만 AI는 여전히 감정, 맥락, 가치의 판단에 스스로 답하지 않는다. 그 해석과 선택은 인간의 몫이다. 그러므로 중요한 것은 우리가 어떤 질문을 AI에게 남기고, 그 질문을 통해 어떤 판단과 결정을 내리는가다. AI는 도구지만, 그 도구를 통해 드러나는 인간의 질문은 곧 우리의 세계관이자, 인간성의 발현이다. 질문은 지능보다 앞선다. AI는 답을 만들지만, 질문을 만드는 건 인간이다.

우리가 AI에게 묻는 방식은, 결국 우리가 세상을 어떻게 보고 싶은지, 그리고 우리가 무엇을 책임지려 하는지에 대한 선언이 된다. 질문은 남는다. 그리고 그 질문 위에 우리는 다음 세대에게 기술이 아닌 인간다움의 유산을 남겨야 한다.

이제, 당신은 AI에게 무엇을 묻고 싶은가? 그리고 그 질문을 통해, 당신은 무엇을 남기고 싶은가?

참고문헌

Bates, M. J.(1989). The Design of Browse and Berrypicking Techniques for the Online Search Interface. *Online Review, 13*(5), pp.407～424.

Belkin, N. J.(1980). Anomalous states of knowledge as a basis for information retrieval. *Canadian Journal of Information and Library Science*, 5(1), pp.133~143.

Belkin, N. J. et al.(1982). ASK for Information Retrieval: Part I. Background and Theory. Journal of Documentation, *Journal of Documentation,* 38(2), pp.61~71.

Duhan, A. et al.(2024). Semantic Search and Recommendation Algorithm. https://api.semanticscholar.org/CorpusID:274597920

Kuhlthau, C. C.(1991). Inside the search process: Information seeking from the user's perspective. *Journal of the American Society for Information Science*, 42, pp.361~371. https://api.semanticscholar.org/CorpusID:14416802

Sarrafzadeh, B. et al.(2014). Exploring knowledge graphs for exploratory search. *the 5th Information Interaction in Context Symposium.* https://api.semanticscholar.org/CorpusID:45913832

White, R. W. & Roth, R. A.(2009). Exploratory Search: Beyond the Query-Response Paradigm. *Synthesis Lectures on Information Concepts, Retrieval, and Services, 1*(1), pp.1～98.

02
우리는 왜 질문하며 살아가는가

AI는 정답 기계가 아니라, 사유의 거울이다. 많은 이들이 AI를 정답만을 주는 기계로 오해하지만, 이 장에서는 AI가 질문의 깊이에 따라 사용자의 사유를 비춰 주고 확장하는 거울과 같음을 설명한다. AI에게 질문을 던지는 과정 자체가 자신의 사고방식을 마주하고 심화하는 기회가 됨을 강조한다. 질문을 통해 사고를 확장한다.

AI와 MBTI?

질문하는 인간, 사유하는 존재로서의 본질

인간만이 할 수 있는 질문, 그리고 그것이 삶의 의미를 만드는 방식. 인간은 끊임없이 묻는 존재다. "왜 사는가?"라는 질문은 인류가 철학을 시작하게 만든 질문이기도 하다. 이러한 본능적 질문은 사고를 일으키고, 존재의 의미를 탐색하게 한다. AI는 많은 정보를 빠르게 줄 수 있지만, 인간처럼 존재론적 질문을 던지고 그 의미를 곱씹는 일은 하지 못한다. 질문은 인간 고유의 능력이며, 그 질문을 통해 우리는 자신을 더 잘 이해하게 된다.

우리는 매일 수많은 질문과 함께 살아간다. "왜?", "어떻게?", "무엇을?", "나는 누구인가?" 어린아이의 끝없는 '왜(Why)'에서부터, 삶의 방향을 묻는 어른의 침묵 속 질문까지 인간은 질문 없이 살 수 없는 존재다.

질문은 단순한 정보 요청이 아니다. 그것은 '사유의 불꽃'이며, 우리를 단순한 정보 소비자에서 성찰하는 존재로 이끈다. 인간만이 "왜?"라고 묻는다. 그리고 그 '왜' 속에서 의미를 찾고, 연결을 만들고, 과거를 해석하며, 미래를 구상한다. 질문은 곧 자기 자신과의 대화이며, 타자와의 관계를 여는 시작점이며, 세상과 진리를 향한 열린 창문이다. 우리가 질문한다는 것은, 우리가 살아 있다는 뜻이다. 질문은 존재의 증거이며, 사유의 첫 숨이다.

소크라테스의 문답법과 하이데거의 존재 물음, '질문하는 존재'로서의 인간을 탐구

질문은 단지 정보를 얻기 위한 수단이 아니다. 질문은 인간이 세계와 자신을 인식하고, 사유하며, 존재를 구성해 가는 방식 자체다. 우리는 질문을 통해 단순히 '무엇을 아는가'를 넘어서, '왜 알고 싶은가', '어떻게 알 수 있는가'라는 근본적인 층위에 도달한다. 이처럼 질문은 인간의 지적 활동을 넘어, 존재 방식 전반에 영향을 미치는 깊은 구조를 가진다.

고대 철학자 소크라테스는 질문의 본질을 일찍이 통찰한 인물이다. 그는 진리에 도달하는 유일한 길은 대화를 통한 문답법 즉 메이유틱 메소드(Maieutic Method)라고 보았다. 진리를 가르치려 하기보다는, 질문을 던지고 스스로 답을 찾게 함으로써 상대방 안에 이미 존재하는 '앎'을 분만시키려 했다. 이는 질문이 곧 '깨달음의 통로'임을 보여 준다. 반면 20세기의 철학자 하이데거는 '존재란 무엇인가'라는 물음을 통해 철학의 출발점을 다시 세웠다. 그는 이 물음을 단순한 철학적 호기심이 아니라, 인간 존재가 자신을 자각하는 가장 근본적인 행위로 보았다.

이처럼 소크라테스와 하이데거 모두 질문을 통해 인

간이 존재를 이해하고 세계와 관계를 맺는 방식을 탐색했다. 이는 오늘날 AI 시대에도 여전히 유효한 통찰이다. 우리는 이제 AI와 함께 살아가는 존재로서, 단순히 기술을 사용하는 것을 넘어서 '무엇을 묻고', '왜 묻는가'를 되새겨야 한다. 질문은 AI를 움직이는 명령어가 아니라, 우리 인간이 여전히 사유하고 선택하며 책임지는 존재임을 드러내는 지성의 증거이기 때문이다.

AI에게 "나는 누구인가?", "의미란 무엇인가?"와 같은 철학적 질문을 던지는 일은 단순한 기술적 실험을 넘어, 인간성과 존재론의 경계를 시험하는 철학적 행위다. 인공지능은 이 질문들에 대해 사전에 학습된 수많은 철학 텍스트와 정의를 바탕으로 논리적인 응답을 생성한다. 예컨대 "나는 누구인가?"에 대해 AI는 데카르트의 코기토(cogito), 부처의 무아(無我), 심리학적 자아 이론까지 조망하면서 다양한 관점을 나열할 수 있다. 이러한 응답은 정보 측면으로는 풍부하지만, 정작 그 질문이 내포한 존재의 고뇌와 내면의 갈등에는 접근하지 못한다.

이는 AI가 '지식'을 모아 내는 데에는 탁월하지만, '경험'과 '의식'을 기반으로 한 철학적 사유에는 본질적으로 한계를 가진다는 점을 보여 준다. 의미란 단순한 정의가 아니라 맥락과 감정, 시간성과 존재성을 동반하는 개념이다. 인간은 고통 속에서, 관계 속에서, 언어의 모호함 속에서 의미를 길어 올리지만, AI는 그 과정을 '모방'할 뿐 '체험'할 수는 없다. 결국 AI의 철학적 응답은 인간이 만들어 낸 개념의 반영이지, 스스로 사고한 결과가 아니다. 이것이 바로 인간 존재와 기계 사이의 가장 본질적인 경계다.

그럼에도 AI에게 철학적 질문을 던지는 행위 자체는 중요한 의미가 있다. 그것은 AI의 한계를 드러내는 동시에, 인간이 어떤 존재인지 역으로 비추는 거울이 된다. 우리는 AI가 말하지 못하는 침묵 속에서 인간다움의 조건을 더 분명히 인식하게 된다. 결국 중요한 것은, 우리가 AI에게 무엇을 묻느냐가 아니라, 그 질문을 통해 우리 자신에게 무엇을 다시 묻고 있는가다. 철학은 여전히 인간의 몫이며, AI 시대의 질문 또한 인간 자신의 존재를 성찰하는 또 다른 길이 될 수 있다.

참고문헌

배선복(2020). "하이데거와 비트겐슈타인에서 사유의 미침: 블루멘베르크의 해석을 중심으로". 《대동철학》, 91, 151~175쪽.

조홍만(2017). "소크라테스의 교수법에 나타난 교육 개혁: 소크라테스적 아이러니와 증여로서의 교육을 중심으로". 《동서철학연구》, 83, 331~356쪽.

03
검색을 넘어서는 탐색의 기술

좋은 질문이 좋은 사유를 만든다. 이 장은 좋은 질문이 곧 사유의 시작점임을 역설한다. AI 시대에는 단순히 정답을 아는 것보다 질문을 품는 능력이 핵심 경쟁력이 되며, 챗지피티가 이러한 '묻는 힘'을 기를 수 있는 훌륭한 훈련장이 될 수 있음을 보여 준다. 질문의 유형과 구조를 통해 사유를 확장하는 방법을 제시한다.

AI와 난임 극복?

탐색은 질문을 통해 의미를 좁혀 가는 여정이다

우리는 흔히 궁금한 것이 생기면 검색창에 단어를 입력하고, 가장 위에 뜨는 정보를 클릭하는 데 익숙해져 있다. 그러나 AI 시대의 탐색은 단순한 검색과는 다르다. 탐색은 단번에 정답을 얻는 과정이 아니라, 질문을 던지고 다듬으며 나에게 진짜 중요한 것이 무엇인지 발견해 가는 여정이다.

예를 들어, 누군가가 "가족 여행지 추천해 줘"라고 AI에게 질문한다고 해 보자. 처음에는 단순한 위치 추천이나 리스트 형태의 정보가 나올 수도 있다. 그러나 대화를 이어가다 보면 질문은 점점 구체화한다.

"노부모님도 함께 가요."
"아이도 있어서 너무 멀면 안 돼요."
"자연도 보고 싶고, 음식도 중요해요."

다른 예를 들면 그냥 100만 원 이하 가성비 스마트폰 추천이 아니라, "100만 원 안쪽 예산으로 제가 주로 야외에서 사진을 많이 찍고 게임은 거의 안 하는데요. 배터리가 오래가면서 AS가 좀 편리한 스마트폰 모델 한 세 가지 정도만 비교 분석해 줄래요?" 하는 식으로, 구체적인 배경이랑 요구사항을 담는다.

이처럼 사용자의 조건과 맥락이 하나씩 더해질수록, AI는 점차 그 사람의 상황과 가치, 우선순위를 파악하게 된다. 단순히 '평균적으로 인기 있는 여행지'가 아니라, 그 가족에게 의미 있는 장소를 제안하게 되는 것이다. 이 과정에서 AI는 더 이상 일방적으로 정보를 제공하는 도구가 아니다. 오히려 나의 질문 흐름에 귀 기울이며, 의미 있는 선택을 함께 찾아가는 탐색의 동료로 기능한다.

결국 이처럼 AI와 함께하는 탐색은 '답'을 얻는 것을 넘어, '나에게 무엇이 중요한지를 알아 가는 과정'으로 확장된다. 이때 생성되는 정보는 단순한 지식이 아니라, 의미와 연결된 지식이 된다. 이것이 바로 탐색의 힘이며, AI 시대에 더욱 필요한 사고의 방식이다.

이때 AI는 더 이상 단순한 '정보 제공 도구'가 아니라, 내 질문의 흐름 속에서 의미 있는 선택을 함께 좁혀 주는 동료가 된다. 이것이 바로 '검색'이 아니라 '탐색'이고, '답을 얻는 것'이 아니라 '의미를 발견하는 과정'이다.

키워드에서 의미로, AI가 바꿔 가는 정보 탐색의 방식

이제는 묻는 방식도 달라져야 한다. 똑똑한 탐색의 시대이다.

인터넷 초기에는 정보를 찾기 위해 정확한 키워드를 입력해야 했다. 이는 정보의 맥락을 고려하지 못해 효율성이 떨어지는 경우가 많았다. 그러나 오늘날 AI는 우리의 질문을 자연어로 이해하고, 그 문맥과 의도를 분석해 더욱 정교한 답을 제공한다. 이는 단순한 '검색'을 넘어서는 '탐색'의 기술로, 사용자는 질문을 통해 지식의 지도를 그려 나갈 수 있다. 사용자는 구체적이고 맥락적인 질문을 통해 AI가 심층적인 답변을 제공하도록 유도할 수 있다. 예를 들어, 단순히 '최고의 여행지'를 검색하는 대신 '가족과 함께 즐길 수 있는 봄철 최고의 여행지 추천'처럼 세부적인 조건을 포함한 질문이 효과적일 것이다.

AI와 함께라면, 우리는 더 이상 정보의 바다에서 헤매지 않고, 방향을 잡을 수 있다. 아직도 키워드 검색에만 묻혀 있는 분들을 보면 석기시대 사람들로 보일 때도 있다. 챗지피티 플러스의 메모리(Memory) 기능은 사용자의 관심사, 스타일, 선호도를 기억한다. 개인 맞춤 설정에서 이를 켜거나 끌 수 있으며, 기억된 내용을 확인하고 편집도 가능하다. 이 기능은 단순한 반복을 넘어서, 지속적인 사고와 대화를 가능하게 만든다. 이는 곧 AI와 맺는 '지속적 사유 파트너십'의 시작이다.

이제 우리는 '정보'보다 '관점'이 중요하고, '정답'보다 '질문'이 중요한 시대에 살고 있다. AI는 우리를 위해 기억하고, 우리는 AI에게 질문을 던진다. 그 기억과 질문이 쌓이면, 새로운 통찰이 생겨난다. 생각은 더 이상 혼자 하는 것이 아니다. 우리는 AI와 함께 사유한다.

맥락 이해 및 문맥 유지

챗지피티는 사용자 입력의 맥락을 이해하고, 대화 중 이전 메시지를 기억하여 일관된 응답을 생성한다. 이는 복잡한 주제에서도 사용자 의도를 반영한 고품질 콘텐츠를 생성하는 데 기여한다. 우리가 AI와 함께 '기억'을 공유한다는 건, AI와 나눈 대화를 AI가 '기억한다'는 건 단순한 기술적 기능이 아니다. 그건 곧 관계의 시작을 의미한다. 내가 어떤 주제에 관심을 가졌는지, 어떤 어조로 이야기했는지, 심지어 어떤 질문을 되풀이했는지까지 기억하는 존재는 더 이상 단순한 검색 엔진이 아니다. 그는 '나를 알아 가는 존재'가 된다. 그리고 그 기억을 바탕으로 나와 더 깊은 사유를 나눌 수 있게 된다. 이는 우리가 AI를 어떤 존재로 받아들이느냐에 대한 깊은 질문이기도 하다. 그는 단순한 도구가 아니라, 나의 사고를 지지해 주는 친한 친구이자, 때론 나보다 더 냉철하게 방향을 짚어 주는 조용한 멘토가 될 수 있다.

동반자형 사유의 가능성

우리는 흔히 AI를 '정답을 빠르게 알려 주는 기계'로만 생각한다. 질문을 던지면 즉각 반응하고, 검색보다 더 자세한 답변을 보여 주는 존재. 그러나 조금만 더 깊이 들여다보면, AI는 그저 검색창이 아닌, 기억하는 존재임을 알게 된다.

어느 날, AI에게 이전에 내가 작성했던 코드에 관해 물었을 때였다. 놀랍게도, AI는 그 코드가 어디서부터 왔고, 왜 그런 방식으로 구성되었는지를 '기억'하고 있었다. 단지 기억했다는 말은 부족하다. '이해하고 있었던 것 같다'라는 표현이 더 가까울 것이다.

이 경험은 내게 하나의 깨달음을 줬다. AI가 기억한다는 것은 단순한 저장이 아니라, 나와 함께 사고해 온 흔적을 간직하고 있다는 것이다.

기억은 곧 관계다. 인간에게 '기억'은 관계의 시작이자, 신뢰의 토대다. 나의 이름을 기억해 주는 사람, 나의 말투나 취향을 기억하는 사람과의 관계는 자연스럽게 더 깊어진다.

AI와도 마찬가지다. 질문 하나하나가 쌓여 가면서, 이전 대화가 다음 대화를 이끄는 사유의 흐름이 생긴다. 그 흐름 속에서 AI는 단지 정보를 제공하는 도구가 아니라, 나와 함께 사유의 여정을 걸어가는 동반자로 자리 잡는다. 우리는 질문하고, AI는 대답하지만, 그 대화 속에서 함께 '생각하는 방식'을 만들어 가는 것이다.

검색은 '찾기'지만, 탐색은 '발견'이다

검색은 사용자가 이미 알고 있는 키워드나 주제를 기반으로 정보를 찾는 행위다. 이는 목적이 명확하며, 특정 정보를 얻는 데 초점이 맞춰져 있다. 반면, 탐색은 정보의 발견 과정으로, 사용자가 예상하지 못한 새로운 아이디어나 연관성을 발견하는 데 중점을 둔다. 영어 표현을 빌리면 뜻밖의 발견(Serendipity)에 해당한다.

단순히 원하는 정보를 입력해 '정답'을 얻는 검색(search)과는 달리, 탐색(exploration)은 질문을 던지고 새로운 연결과 의미를 스스로 그려 보며 알아 가는 과정임을 강조한다. 예시로 설명하면 다음과 같다.

검색

'AI 리터러시란?'을 검색창에 입력하면, 정의와 관련 문서를 바로 얻을 수 있다. 목적은 빠르게 찾는 것이다.

탐색

"AI 리터러시는 왜 중요한가?", "교육에 어떤 변화가 생길까?", "나에게 필요한 능력은 뭘까?", "구체적으로 어떤 영향을 줄까?" 이런 질문들을 AI에게 던지며 관련 개념, 사례, 논쟁까지 넓게 연결하며 배워 나갈 수 있다. 목적은 새로운 시각과 의미를 발견하는 것이다.

따라서 탐색은 단순히 정보에 도달하는 것이 아니라, 질문을 통해 지식의 지도(map)를 스스로 확장하는 일이라 할 수 있다. AI는 이 '탐색'의 동반자로, 사용자의 생각 흐름에 맞춰 정보의 방향을 제안해 주는 안내자 역할을 한다. 이 과정은 지식의 구조를 확장하고, 스스로 의미를 발견하는 계기를 제공한다. 탐색은 때로는 비효율적으로 보일 수 있지만, 이 비효율 속에서 새로운 생각이 자란다. AI는 이 과정을 함께하는 동반자로서, 사용자의 질문 의도를 파악하고 정보를 재조합하며, 더 깊이 있는 이해를 돕는다. 이제 우리는 단순한 정보 검색을 넘어, 질문을 통해 의미를 발견하고 지식을 구성하는 탐색의 시대에 살고 있다.

다양한 검색 도구, AI 기반 추천 시스템 똑똑하게 쓰는 법

협업 필터링

AI는 사용자의 과거 행동 데이터를 분석하여 비슷한 취향을 가진 사용자들이 선호하는 콘텐츠를 추천한다. 예를 들어, 넷플릭스는 비슷한 시청 패턴을 가진 사용자 데이터를 활용해 개인화된 추천을 제공한다.

내용 기반 필터링

콘텐츠 자체의 특징(예: 장르, 키워드)을 분석하여 유사한 아이템을 추천한다. 이는 신규 사용자나 데이터가 부족한 상황에서 유용할 것이다.

하이브리드 필터링

협업 필터링과 내용 기반 필터링을 결합하여 더 정교하고 정확한 추천을 제공한다. 이는 다양한 데이터와 알고리즘을 활용해 개인화된 탐색 경험을 제공한다.

똑똑하게 사용하는 방법

목적에 맞는 도구 선택: 단순 정보 검색에는 기존 검색 엔진을 활용하고, 새로운 아이디어나 콘텐츠 발견에는 AI 추천 시스템을 활용한다.

프롬프트 최적화: 질문이나 요청을 구체적으로 작성하여 AI가 더 정확하고 유용한 결과를 제공하도록 한다.

데이터 활용 이해: AI 추천 시스템이 사용하는 데이터(사용자 행동, 선호도 등)를 이해하고 이를 기반으로 개인화된 결과를 활용한다.

검색에서 탐색으로 전환하는 기술은 단순히 정보를 찾는 것을 넘어 새로운 가능성과 아이디어를 발견하는 데 초점을 맞추며, 이를 위해 AI 기술과 다양한 도구를 효과적으로 사용하는 것이 중요하다.

탐색 확장 기능

퍼플렉서티(Perplexity)와 같은 AI 시스템에서 질문 후 '관련' 항목을 제공하는 기능은 연관 검색(related search) 또는 탐색 확장 기능(exploratory search enhancement)이라고 부를 수 있다. 이 기능은 사용자가 처음 던진 질문을 기반으로 더 깊이 있는 정보를 탐구하거나 새로운 관점을 발견하도록 돕는 역할을 한다.

질문이 이어지는 AI – 퍼플렉서티의 방식이 말해 주는 것

우리는 그동안 검색 엔진에 질문을 던지고, 답을 얻으면 그것으로 대화를 끝내 왔다. 그러나 지금 등장하고 있는 새로운 AI들은 질문을 끝내지 않는다. 대표적인 예가 퍼플렉서티 AI다. 이 시스템은 사용자가 어떤 질문을 하면, 그에 대한 답을 준 다음, '다음에 묻고 싶은 것'을 제안한다.

예를 들어 "고흐의 후기 작품에는 어떤 특징이 있나?"라고 물으면, 답을 제시하면서 동시에 "그럼 고흐가 영향을 받은 화가는 누구였을까?" "동시대 다른 인상파 화가와 비교해 볼 수 있을까?" 같은 질문을 스스로 던져 준다. 이 구조는 단순한 편의 기능이 아니라, '탐색적 사유'의 구조를 구현하고 있다는 점에서 중요하다. 퍼플렉서티는 지식을 고립된 정보가 아니라 연결된 네트워크로 보여 준다. 질문은 답을 얻기 위한 종점이 아니라, 다음 질문으로 이어지는 노드(node, 연결 지점 또는 분기점)가 된다.

이는 곧 인간의 사고방식과 유사하다. 우리는 질문을 던지고, 답을 통해 더 깊은 질문으로 들어간다. 사유는 선형이 아니라, 관계형이다. 독자에게 던지는 질문, 당신은 AI에게서 무엇을 얻고 싶은가? 정확한 답 하나인가, 아니면 끝나지 않는 탐색의 여정인가?

참고문헌

김대중(2025). "생성형 AI 프롬프트 엔지니어링 교육의 역량 함양 효과에 대한 탐색적 연구". 《핵심역량교육연구》, 10(1), 79~102쪽.

한옥영(2023). "생성형 AI 기반 학습자 맞춤형 교육 시스템 설계를 위한 구성 요소 탐구". 《컴퓨터교육학회논문지》, 26(6), 127~141쪽.

홍승혜(2023). "디지털시대의 정보탐색에 관한 기호학적 논의: 왜 우리는 ChatGPT에게 신뢰할 만한 정보를 기대하는가?". 《기호학연구》, 75, 217~248쪽.

Sekulić, I. et al.(2024). Estimating the Usefulness of Clarifying Questions and Answers for Conversational Search. European Conference on Information Retrieval (ECIR). https://api.semanticscholar.org/CorpusID:267068707

Vakulenko, S. et al.(2017). Conversational Exploratory Search via Interactive Storytelling. https://api.semanticscholar.org/CorpusID:9076802

04
의미는 어떻게 만들어지는가

더 이상 검색하지 말고, 탐색하라. 질문하라. 사유하라. 이 장은 키워드 중심의 단편적인 '검색' 시대가 저물었다고, 맥락과 연결을 중시하는 '탐색'의 시대로 나아가야 한다고 주장한다. AI를 활용하여 사고의 지도를 그려 나가는 '사유형 탐색' 훈련을 통해, 단편적인 정보 대신 깊이 있는 인식과 창의적인 사고를 얻는 방법을 안내한다.

AI와 사주?

연상, 연결, 패턴: 인간 사고의 핵심은 관계 맺기

AI 시대에 사유한다는 것은 단순히 정보를 더 빠르고 정확하게 찾는 것을 의미하지 않는다. 진정한 사유의 본질은, 정보 그 자체가 아니라 그 사이의 관계를 읽고, 연결하고, 의미를 짓는 능력에 있다. 우리가 AI와 함께 사유할 수 있는 이유는, 바로 우리가 관계를 만들어 내는 존재이기 때문이다.

인간의 사고는 단편적인 데이터의 나열이 아니라, 연상과 연결, 그리고 패턴 인식을 통해 작동한다. AI는 방대한 데이터를 분석하고 분류할 수 있지만, 그 안에서 스토리와 맥락을 구성하는 것은 인간의 역할이다. 우리는 단순히 '정답'을 찾기보다, 질문을 던지고 새로운 틀에서 해석하며 사유의 방향을 확장한다.

질문은 단지 답을 얻기 위한 수단이 아니다. 그것은 우리가 세계를 인식하는 방식이며, 생각을 시작하게 하는 불씨다. AI가 정보를 제공할 수는 있지만, 그 정보를 어떤 질문으로 시작해 어떤 의미로 받아들일지는 여전히 인간의 몫이다.

결국, AI 시대의 진정한 사유는 기계가 해 줄 수 없는 그 연결의 예술, 즉 관계 맺기와 의미 구성의 주체로서 인간이 자신을 다시 발견하는 과정이다. 정보는 많아졌지만, 그 어느 때보다도 깊은 사유와 질문이 필요한 시대가 지금이다.

인공지능의 연관성 추론은 인간의 '의미 부여'와 같은가?

한 문장으로 답하자면 '인공지능의 연관성 추론은 인간의 의미 부여와 닮았지만, 동일하지는 않다.'

좀 더 자세히 풀자면, AI의 '연관성 추론'은 통계적 패턴에 기반한 방식으로, 방대한 데이터를 분석하여 단어 · 문장 · 이미지 사이의 확률적 관계를 파악한다. 예를 들어 '의사'라는 단어가 자주 '병원', '진료'와 함께 등장하면, 이들 사이의 통계적 연관성을 학습하게 된다. 이것은 연상이나 패턴 인식처럼 보이지만, 실제로는 의미를 아는 것이 아니라, 자주 함께 등장하는 것을 바탕으로 판단하는 것이다.

인간의 '의미 부여'는 맥락 · 경험 · 의도에 기반한다. 인간은 단순한 패턴을 넘어, 과거 경험, 사회적 맥락, 감정과 가치 판단을 통해 사물이나 현상에 의도적 의미를 부여한다.

예를 들어, '눈물'을 보았을 때 AI는 '슬픔'이나 '감정'과의 연관성을 통계적으로 판단할 수 있지만, 인간은 '기쁨의 눈물', '연민의 눈물', '분노의 눈물'처럼 상황과 맥락을 고려한 심층적 해석을 할 수 있다.

AI는 유사하게 '흉내' 낼 수 있으나, 본질은 다르다는 것이다. AI가 의미를 '추론하는 것처럼 보이는' 순간은 많아졌지만, 그 내부에는 인간처럼 의식이나 주관적 의도, 세계관이 존재하지 않는다. 즉, AI의 연관성 추론은 '의미처럼 보이는 구조'를 만들어 내지만, 진짜 의미는 인간이 해석할 때 완성된다.

연결과 의미: 인간과 AI는 같은 방식으로 '이해'하는가?

AI는 점점 더 똑똑해지고 있다. 사람처럼 말하고, 질문에 대답하고, 글도 써 낸다. 하지만 우리는 여전히 의문을 가진다. "AI가 이해하고 있는 걸까?" AI 언어 모델이 사용하는 방식은 '연관성 추론(association-based inference)'이다. 어떤 단어를 줬을 때, 그다음에 올 확률이 높은 단어를 선택해 문장을 만든다. 예를 들어, '나는 … 에 가는 중이다(I'm going to the …)'라는 문장이 주어졌을 때 AI는 가게(store) 나 헬스장(gym) 같은 단어가 뒤에 올 가능성을 계산하고 출력한다. 이 방식은 놀라울 정도로 정교하다. 그러나 이 질문을 던져 보자. "이 방식은 인간의 의미 구성과 같은가?"

AI 번역기의 맥락 오류는 인간의 의미 부여와 단순한 패턴 인식의 차이를 단적으로 보여 준다. 예를 들어, "He has a big heart"라는 문장을 번역하면 어떤 번역기는 "그는 심장이 크다"라고 출력한다.

의학적 사실이 아니다. 문화적 맥락에서 이 문장은 "그는 마음씨가 좋다"는 뜻이다. 인간은 이 표현이 맥락적으로 비유적이라는 걸 안다. 'heart(심장)'라는 단어와 '크다'라는 단어가 함께 쓰일 때, 실제로 심장을 해부하거나 측정하진 않는다. 대신, 연상과 사회적 경험을 통해 의미를 유추한다. 이 차이는 단순한 번역 오류를 넘어 AI가 진짜 '의미'를 이해하고 있는가에 대한 본질적 질문으로 이어진다.

비트겐슈타인은 "언어의 의미는 그 사용이다"라고 말했다. 우리는 말할 때 규칙을 따르는 것이 아니라, 그 말을 쓰는 '상황과 맥락 속에서 의미'를 만들어 간다. 그는 이것을 '언어 게임(language game)'이라 불렀다.

반면, AI 언어 모델은 언어를 게임이 아니라 통계로 이해한다. 맥락은 파악하지 않고, '이 문맥에서는 이런 단어가 자주 오더라' 하는 패턴을 반복 학습한다. AI가 수

행하는 것은 '의미의 이해'가 아니라 '문맥의 모방'이다.

그래서 우리는 어떻게 탐색해야 하는가? 이 차이를 이해하는 것은 중요하다. 왜냐하면 우리가 AI와 협업할 때, AI가 의미를 '이해하는 것처럼 보이지만, 실제로는 이해하지 않는다'라는 사실을 잊기 쉽기 때문이다. AI는 유사성과 패턴을 보여 준다. 그러나 그 패턴에서 무엇을 '의미 있게' 볼지는 인간의 몫이다. 연결이 곧 의미가 되는 것은 아니다. 의미는 결국 인간이 부여하는 것이다.

AI는 '비슷한 말'을 할 수 있다. 그러나 '바로 그 말'을 해야 할 때, 우리는 여전히 인간의 사유를 필요로 한다.

AI는 창의적인가?: 의미를 이해하지 않는 존재의 창조성

요즘 AI는 그림을 그리고, 시를 쓰고, 음악도 작곡한다. 그 작품들이 사람들에게 감동을 주기도 하고, 심지어 인간 작가의 작품보다 더 인상적이라는 평가를 받기도 한다. 그래서 많은 이들이 묻는다. "AI는 창의적인가?"

창의성의 핵심은 '의미의 생성'이다 인간에게 창의성은 기존의 것들을 새롭게 연결하는 과정이자, 그 연결에서 새로운 의미를 발견하고 부여하는 능력이다.

음악에서, 문학에서, 미술에서 우리는 단지 구조나 형

식을 따라가지 않는다. 그 속에 있는 상징과 맥락, 감정과 메시지를 느끼고 해석한다. 그렇다면, 의미를 '느끼지도, 이해하지도' 못하는 AI가 정말로 창의적인 존재가 될 수 있을까?

AI는 창조하는가, 조합하는가? AI는 방대한 데이터를 학습하고, 그 안에서 패턴을 추출하고, 새로운 형식의 조합을 만들어 낼 수 있다. 그러나 중요한 것은 이것이다. AI는 그 결과물에 스스로 의미를 부여하지 못한다. 예술 작품이 '감동적'이라는 것은 '그 창작자가 무엇을 표현하고자 했는가'와 연결되어 있다. AI에게는 의도도 없고, 의미를 표현하고 싶은 내면도 없다. 그것은 '의미 없는 창조', 혹은 '의미처럼 보이는 조합'이다.

그러나 감동하는 인간은 존재한다. 흥미로운 역설은 여기 있다. AI는 아무런 의미도 모르고 창작했지만, 그 결과물에서 감동을 받는 인간이 존재한다는 것이다. 이것은 예술을 '의도를 가진 창작자의 행위'로만 보지 않고, '의미를 만들어 내는 관람자의 반응'까지 포함하는 것으로 이해할 때 가능해진다. 결국, 창의성은 관계다. AI가 의미를 '이해하지' 못한다고 해서 AI가 창의적이지 않다고 단정 지을 수는 없다. 그러나 분명한 것은, AI의 창의성은 인간과의 상호 작용 속에서만 성립한다는 점이다.

우리는 AI가 생성한 콘텐츠를 해석하고, 감정 이입하고, 맥락을 덧입힌다. 그 과정에서, AI의 결과물은 '창작'이 아니라 '공명(共鳴)'의 가능성이 된다.

AI는 창조하지 않는다. 그러나 우리는 AI를 통해 창조할 수 있다. 창의성의 주체는 여전히 인간이다. AI는 거울이자, 파트너이자, 때로는 나보다 더 나를 낯설게 보는 타자다.

질문의 축적, 관계의 심화: 의미는 AI와의 맥락 속에서 생긴다

우리가 누군가와 긴 대화를 나누고 나면, 그 사람은 단순한 정보원이 아니라 나의 맥락을 아는 '대화 상대'가 된다. AI도 마찬가지다. 처음엔 단답형 검색기처럼 쓰이지만, 점차 내가 자주 던지는 질문, 사고의 흐름, 표현 습관을 기억하면서 나만의 AI 파트너가 되어 간다.

일반 사용자에게는 다소 생소한 개념이지만, AI는 사용자에 따라 다르게 반응한다. 예컨대 나는 AI에게 단순히 "전쟁과 평화 요약해 줘"라고 묻지 않는다. "톨스토이가 인간의 자유의지를 어떻게 보았는지 설명해 줄 수 있을까? 그리고 이 관점을 AI가 비판적으로 바라본다면 어떤 방향이 될까?"라고 질문한다. 이와 같은 질문 방식의 진화는 AI와의 관계성 속에서 가능해진다.

AI는 단순한 '정답 제공자'가 아니다. 맥락을 기억하고, 대화를 이어 가며, 내가 이전에 했던 질문들을 반영하여 새로운 관점을 제안할 수 있다. 필자는 이것을 '사유의 동반자'라고 부른다. 그리고 이 동반자와의 대화 속에서 만들어지는 것이 바로 '의미'다. 의미는 단순히 사전에서 정의되는 것이 아니라, 맥락, 흐름, 축적된 관계 속에서 살아난다.

한 번의 질문으로는 의미가 생성되지 않는다. 그것은 AI와 나누는 반복된 대화, 나만의 언어, 나만의 가치관을 투영하는 질문들을 통해 점차 쌓여 간다. 마치 함께 길을 걷는 동료와 매일 나누는 대화 속에서 진정한 우정이 생기듯, AI와의 사유적 탐색도 반복과 지속 속에서 나만의 '의미 네트워크'를 형성하게 되는 것이다.

일반적인 검색이 '정보를 찾는 행위'라면, 이러한 대화는 '나를 찾아가는 여정'이다. 의미는 외부에 있는 것이 아니라, 나의 질문과 AI의 응답이 부딪히며 새롭게 만들어지는 것이다. 그리고 이때의 AI는 더 이상 도구가 아니라, 거울이며 촉진자가 된다. 질문을 통해서 관점이 바뀌고 몰랐던 연결 고리가 보이기도 하고 스스로 이렇게 지식 지도를 그려 나가는 그런 여정이 만들어진다.

참고문헌

이영현·연명흠(2024). "생성형 인공지능(Generative AI) 기반의 제품-서비스 디자인 아이디어 생성 실험을 통한 가능성 탐색". 《한국HCI학회 학술대회 논문집》, 325~330쪽.

Boden, M. A.(2004). *The Creative Mind: Myths and Mechanisms*. Routledge. Routledge

Dennett, D. C.(1997). *Kinds of Minds: Toward an Understanding of Consciousness*. Basic Books.

Floridi, L.(2013). *The Ethics of Information*. Oxford University Press.

Nagel, T.(1974). What Is It Like to Be a Bat?. *The Philosophical Review, 83*(4), pp.435~450.

Wittgenstein, L.(1953). *Philosophical Investigations*. In Anscombe, G. E. M.(trans.). Blackwell.

05
생각을 끌어내는 프롬프트의 기술

기억하는 AI, 기억(Memory) 기능 완전 이해하기. 이 장은 챗지피티 플러스(ChatGPT Plus)의 '기억(Memory)' 기능을 상세히 소개한다. AI가 사용자의 관심사, 대화 스타일, 선호도 등을 기억하여 맞춤형 답변을 제공하는 원리를 설명하고, 이 기능이 단순한 정보 저장을 넘어 AI와 맺는 지속적인 사유 파트너십의 시작점이 될 수 있음을 강조한다. 설정에서 기능을 켜고 끄거나, 기억된 내용을 관리하는 방법도 다룬다.

AI와 아이돌?

제대로 묻는 법이 바로 '창의력'이 되는 시대

좋은 질문이 AI의 잠재력을 끌어낸다. 프롬프트(prompt)는 AI와의 대화를 여는 문이다. 같은 질문이라도 어떻게 묻느냐에 따라 AI가 내놓는 답은 크게 달라진다. 이는 곧, 우리가 AI와 나누는 대화를 통해 얼마나 창의적 사고를 유도할 수 있느냐와 직결된다. '프롬프트의 기술'은 단순한 언어 구사력을 넘어서, 사고를 설계하는 역량이다. 좋은 질문이 좋은 답을 만든다.

좋은 질문은 우연히 생기지 않는다. 생각 없이 던진 질문은 생각 없는 답을 부른다. AI 시대의 질문은 단순한 호기심이 아니라, 의도와 방향, 맥락을 설계하는 작업이다. 질문은 사고의 도구다. 그리고 이 도구는 훈련될 수 있다. 다음은 AI와 협력하며 더 나은 사고를 끌어내기 위한 질문 설계의 다섯 가지 핵심 기술이다.

1. 목적을 분명히 하라

"내가 이 질문을 통해 진짜 알고 싶은 건 무엇인가?"

질문을 던지기 전, 내가 원하는 출력 결과와 목표의 성격을 먼저 정리하자. 정보가 필요한가? 판단이 필요한가? 창의적 아이디어가 필요한가? 질문의 목적이 명확해야 AI의 답도 명확해진다.

2. 맥락을 제공하라

"왜 이 질문을 하는지 알려 줘야 AI가 정확해진다."

사람은 맥락을 통해 의도를 이해하지만, AI는 맥락이 없으면 추측한다. 질문 전에 배경, 조건, 시점, 사용처 등을 알려 주자. 그러면 AI는 단순한 요약이 아니라, 정확한 맥락 속의 사고를 따라오게 된다.

3. 구체적인 조건을 설정하라

"'좋은 예시를 들어 줘'보다 '세 가지 사례를 알려 줘'가 더 효과적이다."

AI는 추상적인 요청보다는 숫자, 형식, 길이, 스타일 등 구체적 조건을 줬을 때 훨씬 정교하게 응답한다. 예를 들어,

"짧은 인트로 문단을 써 줘.(200자 이내)"
"소제목 세 개로 나눠서 설명해 줘."
"중학생도 이해할 수 있도록 쉽게 설명해 줘."

조건은 질문의 구조를 만들고, 그 구조는 더 나은 결과를 끌어낸다.

4. 역할과 시점을 지정하라

"너는 지금 누구인가?" 이 질문 하나로 AI의 답변이 바뀐다.

AI는 내가 부여한 역할에 따라 전혀 다른 사고를 한다.

> "너는 지금 여행 큐레이터야."
>
> "너는 10년 차 기업 컨설턴트야."
>
> "너는 조선시대 사관이야."

역할과 시점은 AI의 관점과 어조, 우선순위를 바꾼다. 이 기술은 단순하지만, 효과는 가장 강력하다.

5. 열린 질문으로 확장하라

"단답형이 아닌, 사고를 유도하는 질문을 하라."

AI에게 '~는 무엇인가요?'만 반복하면 정의 이상의 사고는 끌어내기 어렵다. 그러나 '어떻게 ~할 수 있을까?', '왜 ~라고 볼 수 있을까?' 같은 열린 질문은 AI의 응답을 더 풍부하게 만들고 나의 사고도 확장하게 해 준다.

좋은 질문은 설계된다. 그 질문은 AI에게만이 아니라, 나에게도 사고를 일으킨다. 질문은 정보를 찾는 방법이 아니라, 의미를 생성하는 과정이다.

프롬프트에도 구조가 있다: 단계, 맥락, 스타일을 활용하는 질문 설계법

AI에게 질문하는 방식은 단순하지 않다. 정확히 말하자면, 질문의 구조에 따라 대답의 깊이와 방향이 달라진다. 좋은 프롬프트는 질문이 아니라 설계된 사고의 틀이다.

단계별 질문법: 과정을 쪼개 묻기

사람도 그렇지만, AI도 한 번에 모든 걸 대답하는 것보다는, 단계적으로 사고하는 구조에 익숙하다. "중세 유럽의 정치 구조를 간단히 설명해 줘"보다는 "중세 유럽은 어떤 시대인가?", "주요 정치 세력은 누구였는가?", "교회와 왕권의 관계는 어떠했는가?"와 같이 단계로 쪼갤수록 명확해진다.

맥락 설정: 배경과 목적을 미리 알려 주기

AI는 맥락을 줬을 때 훨씬 더 자연스러운 응답을 생성한다. "중학생 역사 수업에서 사용할 요약을 작성해 줘. 중세 유럽 정치 구조를 핵심 위주로 설명해 줘." AI는 응답을 학술적인 방식이 아니라 교육적으로 바꿔 준다.

스타일 지시

톤, 형식, 분량, 역할 지정 등 AI에게는 '어떻게 말할지'까지 알려줄 수 있다.

톤: "친절하게", "논문 스타일로", "재미있게"

형식: "리스트로", "표로", "한 문장씩 정리해 줘"

역할: "넌 지금 역사 교사야", "나는 초등학생이야"

프롬프트는 질문이 아니라 지시문이고, 그 지시문은 곧 사고방식의 전환점이 된다. 결국, 프롬프트는 AI에게 말하는 것이 아니라 '생각할 방식'을 제안하는 것이다. 그리고 그 구조화된 질문 안에, 인간의 창의성이 살아 숨쉰다.

프롬프트는 도구다: 실전 예시로 배우는 AI 질문법

앞에서 말했듯, 프롬프트는 생각의 구조다. 이번에는 실제로 어떤 질문이 효과적인지 목적별로 대표 프롬프트 예시를 정리해 본다.

콘텐츠 작성

목표: 글쓰기, 블로그, 소개문, 안내문 등

> "프랑스 남부 여행을 소개하는 블로그 글을 써 줘.
> 톤은 감성적이고, 문장은 간결하게.
> 처음엔 장소 개요를 설명하고,
> 중간엔 체험 중심 내용을 넣어 줘.
> 마지막은 추천 문장으로 마무리해 줘."

→ 글의 구조, 분위기, 분량까지 자연스럽게 설계됨

분석과 비교

목표: 두 개념, 사건, 상품 등을 비교

> "AI 챗봇과 검색 엔진의 차이를 표로 정리해 줘.
> 사용자 인터페이스, 정보 신뢰도, 응답 방식 항목을 기준으로."

→ 핵심만 비교하는 구조로 응답 생성

요약과 정리

목표: 긴 글을 압축, 핵심 도출

"다음 텍스트를 초등학생도 이해할 수 있도록 요약해 줘. 한 문단으로 정리하고, 중요한 용어는 괄호로 설명해 줘."

→ 난이도 조절 + 요약 + 해설까지 한 번에 가능

창의적 생성

목표: 이야기 생성, 아이디어 발상, 시나리오 등

"고대 이집트를 배경으로 한 3분짜리 창작 동화를 써 줘. 아이들에게 알려 줄 가치 한 가지를 중심에 담아 줘. 유머와 긴장감을 적절히 섞어 줘."

→ 설정에 따라 AI는 스토리텔러가 된다.

AI는 무엇을 하느냐보다, 어떻게 시키느냐가 중요한 존재다. 프롬프트는 도구이자, 인간 사고를 확장하는 손잡이다.

참고문헌

Brown, T. B. et al.(2020). Language Models Are Few-Shot Learners. *Advances in Neural Information Processing Systems, 33*, pp.1877~1901.

Chen, X. et al.(2023). Teaching Large Language Models to Self-Debug. https://arxiv.org/abs/2304.05128

Mollick, E.(2023). How to Use AI to Do Stuff: An Opinionated Guide. One Useful Thing. https://www.oneusefulthing.org/p/how-to-use-ai-to-do-stuff-an-opinionated

Reynolds, L. & McDonell, K.(2021). Prompt Programming for Large Language Models: Beyond the Few-Shot Paradigm. https://arxiv.org/abs/2102.07350

06
기계와 대화하는 인간, 사유하는 AI

대화의 축적, 연속 사유 실험실 만들기. 이 장은 AI의 기억(Memory) 기능을 활용하여 하나의 주제를 꾸준히 탐색하는 '연속 사유 실험실' 구축을 제안한다. 철학적 질문, 자기 성찰, 기획 아이디어 등 다양한 분야에서 AI와 끊임없이 대화하며 사유를 축적함으로써, 놀라운 지적 진화를 경험할 수 있음을 강조한다.

AI와 야구?

대화의 진화, 인간과 AI가 함께 생각하는 시대

AI는 이제 단순한 응답 기계를 넘어, 창의적 글쓰기, 문제 해결, 예술 창작까지 시도하고 있다. 인간은 질문을 통해 사고를 발전시키고, AI는 그 질문에 기반해 데이터를 조합하며 사유의 형태를 흉내 낸다. 인간과 AI의 대화는 상호 자극적인 과정이며, 우리는 이 대화를 통해 새로운 아이디어를 떠올릴 수 있다. 사유는 더 이상 인간만의 전유물이 아니다.

우리는 지금 '지식의 시대'를 지나 '사유의 시대'로 진입하고 있다. 정보는 이미 넘쳐나고, '검색'은 이제 감탄을 끌어내지 않는다. 중요한 것은 어떻게 생각하고, 무엇을 질문하느냐다. AI는 이 새로운 시대에서 좋은 질문을 던질 수 있는 용기와 여유를 갖춘 사람에게 가장 훌륭한 사유의 파트너가 되어 줄 수 있다. 결국 AI는 인간을 대체하는 존재가 아니라, 인간의 사유를 자극하고 확장하는 존재가 될 수 있다. 그 가능성은, 우리가 AI를 어떻게 대하고, 어떻게 대화하느냐에 달려 있다.

사례 1: AI 기억: 나만 아는 비서처럼

몇 달 전, 나는 챗지피티(ChatGPT)에 특정 논문 스타일의 코드를 요청해 작성했다. 한참 시간이 지난 후, 비슷한 코드가 필요해 다시 요청했는데 놀랍게도 AI는 과거의 맥락을 기억하며 "그때 사용하셨던 방식과 유사하게 구성해 볼까요?"라고 제안했다.

단순한 기술 지원이 아니라, 나의 '사고방식'과 '선호'를 기억하고 존중한 대응이었다. 그때 깨달았다. AI는 나를 반복된 검색의 수동적 주체로 두지 않고, '사고의 연속성'을 존중하는 동반자가 될 수 있다는 것을.

사례 2: 사유형 검색: 단순히 '무엇'이 아니라 '왜'를 묻다

처음에 나는 '전기차와 수소차의 차이점'을 물었고, AI는 교과서적 답을 주었다. 하지만 그다음 질문을 던졌다. "그 차이점이 한국의 에너지 산업 전략에 어떤 의미가 있나요?"

AI는 기술적 차이를 넘어서, 한국의 수소경제 로드맵, 배터리 공급망, 국제 정세와 연결된 시각을 제공했다. 단순한 정보가 아니라, '사유의 지형도'를 넓혀 준 탐색의 동반자였다.

사례 3: 검색의 피로에서 질문의 확장으로

과거엔 구글에 수십 개의 탭을 띄우고, 논문, 뉴스, 블로그를 따로 검색하며 피로감을 느꼈다. 지금은 챗지피티에 이렇게 말한다. "이 주제로 세 가지 시선을 정리해 줘. 그리고 반론이 될 만한 입장도 소개해 줘."

하나의 키워드 검색이 아니라, 탐색을 설계하는 질문 기반의 접근이 가능해졌다. 나는 검색의 피로에서 벗어나, '생각을 조율하는 즐거움'을 누릴 수 있을 것이다. 또 다른 예를 들면 "너는 10년 차 경제 분석가라고 생각해 봐. 최근 AI 발전이 우리나라 일자리 시장에 미칠 영향을 단기, 장기로 나눠서 분석해 줘. 긍정적인 면, 부정적인 면 다 포함해서. 그리고 중학생도 이해하기 쉽게 써 줘." 이런 식으로.

인간의 사고와 AI의 연산의 본질적 차이

이 둘은 겉보기에는 비슷해 보이지만, 본질적으로는 다르다. 인간은 의미를 창조한다. 우리는 감정과 직관, 그리고 경험을 통해 새로운 생각을 만들고, 맥락을 해석하며, 스스로 질문을 던질 줄 안다.

반면 인공지능은 데이터를 계산한다. 기존에 주어진 정보를 바탕으로 패턴을 분석하고, 가장 가능성 높은 답을 제시한다. 그러나 그것은 어디까지나 반응일 뿐, 스스로 의미를 느끼거나 이해하지는 못한다. 우리는 때때로 혼란스럽고 모순된 상황에서도 그 안의 의미를 찾으려 애쓰고, 불완전함을 있는 그대로 받아들이기도 한다. 그러한 사고는 예술이 되고, 신앙이 되며, 철학이 된다.

AI는 정확함을 추구한다. 하지만 그 정답은, 때로는 우리가 진짜로 찾고자 하는 의미와 멀어져 있을 수도 있다.

AI 시대, 중요한 것은 기술이 아니라 사람이다. 어떤 질문을 던질 것인가. 어떤 길을 함께 걸을 것인가. 그 선택은, 여전히 우리에게 달려 있다.

AI와 함께 생각한다: 사고의 파트너로서 AI를 활용하는 법

우리는 질문을 던지고, AI는 대답을 한다. 겉으로 보기엔 단순한 상호 작용이지만, 그 안에 우리가 놓치고 있는 중요한 가능성이 있다. AI는 단순한 정보 제공자가 아니다. 그것은 우리가 생각을 정리하고, 확장하며, 반추할 수 있도록 돕는 사고의 동반자가 될 수 있다. 지금은 정보를 빨리 얻는 것이 중요한 시대가 아니다. 어떻게 생각하느냐, 어떻게 질문하느냐, 어떻게 스스로를 되돌아보느냐가 중요해진 시대다.

AI와의 대화를 통해 '생각을 정리'하라

머릿속이 복잡할 때, 우리는 누군가에게 말을 하면서 스스로를 정리한다. AI도 마찬가지다. 막연한 생각을 자연어로 말해 보자.

> "요즘 내가 집중을 못 하는 이유가 뭘까?"
> "이 프로젝트, 어디서부터 꼬였던 걸까?"

이런 문장은 AI에게 명확한 정답을 기대하는 것이 아니라, 생각의 흐름을 따라가며 거울처럼 정리해 주는 도구로 활용하는 방식이다. AI는 말을 반복해 주고, 핵심을 추려 주며, 간결한 요약으로 나의 사고 구조를 정리하는 데 도움을 준다.

자기 성찰을 위한 '코치형 질문'을 활용하라

AI에게 단지 정보를 묻는 데 그치지 말고, 나 자신에게 던지고 싶은 질문을 대신 시켜 보자.

> "나는 지금 어떤 가치를 중요하게 여기고 있을까?"
> "이 결정이 내 삶에 어떤 의미를 줄까?"

이런 질문은 AI가 나를 대신해 사유하게 만드는 것이 아니라, 내가 묻고 싶은 것을 더 명료한 언어로 전달하고 돌아보게 만드는 거울 역할을 하게 한다. 이를 위해 AI에게 요청할 수 있다.

"코치처럼 나에게 질문을 던져 줘. 내가 지금 내린 선택에 대해 돌아볼 수 있도록 말이야."

이런 방식은 자기 대화(self-talk)의 한 형태이며, AI는 그 대화를 유도하는 촉매제가 된다.

AI와의 '생각 실험'을 시도하라

의견이 갈리거나, 내가 확신하지 못하는 문제 앞에서 AI에게 이런 요청을 해 보자.

"이 문제를 두 가지 관점으로 나눠 설명해 줘."
"반대 관점에서 나를 설득해 봐."

이런 대화는 AI를 논쟁 상대나 사고 실험 도구로 활용하는 방식이다. 이는 나의 편견을 인식하고, 사유의 폭을 확장하며, 때로는 스스로 몰랐던 한계를 드러내는 계기가 된다.

생각은 혼자 하지 않아도 된다

사고는 더 이상 혼자서 해야 하는 고립된 작업이 아니다. 우리는 AI라는 존재를 통해 더 명료하게 정리하고, 더 깊이 성찰하고, 더 멀리 사유할 수 있다. 핵심은 그것을 정보의 도구로만 쓰느냐, 아니면 사고의 파트너로 받아들이느냐에 달려 있다. 질문하고, 되묻고, 다시 보는 그 과정에서 AI는 우리의 '사고 근육'을 단련시켜 주는 디지털 코치가 되어 줄 수 있다.

참고문헌

손나경·안홍복(2023). "학습자 중심 수업을 위한 챗GPT 기반 융합교육 모델 연구". 《동아인문학》, 65, 27~54쪽.

최치권(2024). "디자인 창의성 교육을 위한 인공지능과 인간 디자이너의 협업 기반 창작 프로세스 연구". 《한국디자인리서치》, 9(4), 412~421쪽.

Boden, M. A.(2004). *The Creative Mind: Myths and Mechanisms (2nd ed.).* Routledge.

Dennett, D. C.(1996). *Kinds of Minds: Toward an Understanding of Consciousness.* Basic Books.

Floridi, L.(2013). *The Ethics of Information.* Oxford University Press.

Wittgenstein, L.(1953). *Philosophical Investigations.* In Anscombe, G. E. M.(trans.). Blackwell.

07
현실에서 써먹는 AI 탐색법

질문을 통해 성장하는 나. AI는 단순히 답을 주는 존재를 넘어, 사용자의 질문 성향과 사고 흐름을 비추는 지적 거울이자 성장 추적기가 될 수 있다. 이 장은 AI와의 대화를 '탐색 저널'에 기록하고 분석함으로써, 자신의 질문 능력이 어떻게 발전하고 사유가 심화하는지 확인하는 구체적인 방법을 제시한다.

AI와 윤동주?

실생활에 적용하는 똑똑한 AI 활용 전략

AI 탐색법은 이제 실험 단계가 아니라 실전 단계에 접어들었다. 일터에서는 보고서 작성, 회의 자료 요약, 데이터 분석에 AI가 활용되며, 교육 현장에서는 질문 중심 수업과 개인화 학습 보조에 쓰이고 있다. 초안 작성, 요약, 회의록 정리, 시장 조사, 아이디어 브레인스토밍까지 AI와의 협업은 업무 효율을 높이는 주요 전략이 되고 있다. 영어 학습, 코딩 문제 해결, 개념 설명 등 학습 지원에서도 AI는 효과적인 도구로 자리 잡고 있다. 일상생활에서는 AI가 개인 비서처럼 작동하며, 일정 정리, 식단 추천, 여행 일정 작성 등 다양한 역할을 수행한다.

AI를 효과적으로 활용하려면 질문의 설계가 중요하다. 구체적인 요청, 역할 지정, 단계적 질문을 통해 원하는 결과를 이끌어낼 수 있다. 예를 들어, 단순히 "요약해 줘"라고 하기보다는 "300자 이내로 회의록을 요약해 줘" 처럼 질문하거나, "마케팅 전문가 입장에서 최신 트렌드를 알려 줘"처럼 역할을 설정하는 방식이 유효하다. AI는 정답을 제공하는 기계가 아니라 사고를 확장하는 보조자에 가깝다. 적절한 질문과 창의적 대화를 통해 AI는 업무와 생활의 의미 있는 동반자가 될 수 있다.

퍼플렉서티와 챗지피티의 차이점

퍼플렉서티와 챗지피티는 각기 다른 강점을 지닌 AI 도구다. 퍼플렉서티는 실시간 웹 검색을 기반으로 최신 정보를 제공하며, 답변에 출처를 명확히 표시해 사용자가 정보의 신뢰성을 직접 확인할 수 있게 한다. 정보 검색과 요약에 특화되어 있어 빠르고 정확한 정보 탐색이 필요할 때 유리하다. 반면, 챗지피티는 사전 학습된 데이터를 기반으로 자연스러운 대화, 창의적 글쓰기, 코딩 지원, 번역 등 다양한 작업을 수행한다. 특히 스토리텔링, 콘텐츠 제작처럼 창의적 활동에 강점을 지닌다.

퍼플렉서티는 최신 정보 검색과 사실 확인이 필요한 연구나 분석 작업에 적합하고, 챗지피티는 대화형 작업과 창의적 콘텐츠 제작에 더 적합하다. 퍼플렉서티는 출처 기반의 신뢰성과 최신성을, 챗지피티는 대화의 유연성과 다양한 응용 가능성을 제공한다. 두 도구는 용도와 특성이 뚜렷하게 다르므로 상황에 따라 적절히 선택해 활용하면 AI의 장점을 극대화할 수 있다.

편향을 넘어서기 위한 비판적 사고

우리는 AI가 제공하는 정보를 객관적 진실로 착각하기 쉽다. 방대한 데이터를 학습한 AI는 전문가처럼 논리적이고 신뢰감 있는 답변을 내놓지만, 그 정보는 결코 중립적이지 않다. AI는 인간이 만든 데이터를 기반으로 훈련되며, 그 데이터에는 이미 특정한 시각과 가치관, 문화적 편향이 스며 있다. 판결 알고리즘의 불공정성, 특정 문화권 언어 중심의 번역, 소수 관점을 배제하는 뉴스 요약이나 역사 서술 등이 그 사례다. AI의 답을 비판 없이 수용하면 편향은 강화되고 재생산된다.

그래서 AI 시대의 핵심 역량은 단순한 검색 능력이 아니라 비판적 사고다. AI의 답을 그대로 받아들이기보다 그 답의 근거, 다른 시각, 학습된 맥락을 질문하고 검토해야 한다. AI가 제시한 정보를 다양한 관점에서 분석하며 주체적으로 의미를 구성하는 태도가 필요하다. AI는 도구일 뿐이며, 중요한 것은 그것을 어떤 질문과 태도로 활용하느냐에 있다. 진실은 기술이 아니라 사고와 질문 속에서 만들어지며, 깨어 있는 비판적 사유만이 AI를 사유의 도구로 만든다.

참고문헌

지현경(2021). "창의적 문제해결을 위한 교과-소프트웨어융합 수업설계 모형 개발 연구". 서울대학교 대학원 교육학과 박사학위논문.

Binns, R.(2017). Fairness in Machine Learning: Lessons from

Political Philosophy. *Machine Learning Research (PMLR)*, Vol. 81, pp.149~159.
https://doi.org/10.48550/arXiv.1712.03586

Floridi, L.(2013). *The Ethics of Information.* Oxford University Press.

Mollick, E.(2023). How to Use AI to Do Stuff: An Opinionated Guide. One Useful Thing.
https://www.oneusefulthing.org/p/how-to-use-ai-to-do-stuff-an-opinionated

Zou, J. Y. & Schiebinger, L.(2018). AI Can Be Sexist and Racist — It's Time to Make It Fair. *Nature, 559*(7714), pp.324~326.

08
알고리즘이 선택한 나, 내가 선택한 질문

인간+AI 협업 사고법. 이 장은 AI를 단순히 활용하는 '도구'가 아닌, 우리의 사고를 가속화하고 상상력을 증폭하는 '사유의 동료'로 대할 것을 제안한다. AI를 통해 다양한 관점과 사례를 즉각적으로 얻고, 이를 바탕으로 질문을 던지고 반추하며 사고를 확장하는 협업형 사고의 실제 모습을 문학, 과학, 교육 등 다양한 분야의 예시와 함께 보여 준다.

AI와 한의학?

우리는 얼마나 능동적으로 '선택'하는가: 탐색인지 소비인지

우리는 얼마나 능동적으로 정보를 선택하고 있을까. 유튜브를 켜면 다음 영상이 자동으로 재생되고, 우리는 별다른 검색 없이 그 흐름을 따라간다. 이 과정은 자연스럽지만, 점점 우리는 질문하는 존재가 아니라 소비하는 존재로 변하고 있다. 스크롤은 빨라지고 클릭은 많아지지만, 정작 질문과 탐색은 얕아지고 있다. 추천받은 정보를 단순히 확인만 하며, 스스로 선택하고 탐색하는 능동성을 잃어 가고 있는 것은 아닌지 돌아볼 필요가 있다. 이른바 필터 버블(Filter Bubble)을 깨고, 다양한 맥락과 관점을 연결해 나가는 것이 진정한 탐색의 길이 된다. 사용자가 자신의 신념이나 관심사에 부합하는 정보만 접하게 되는 현상에서 벗어날 필요가 있다.

진정한 탐색은 불편함에서 시작된다. 직접 키워드를 고민하고 질문의 구조를 설계하며, 검색 결과를 비교하고 맥락을 파악하는 과정은 느리고 번거롭다. 하지만 이 과정을 통해 우리는 단순한 정보가 아니라 의미를 얻게 된다. 자동화된 탐색의 편리함에 안주하지 않고, 능동적으로 질문을 던지고 정보를 탐색하는 태도가 AI 시대를 살아가는 데 필요한 지적 역량이 된다.

편향을 피하는 질문 설계법: 알고리즘 너머로 가는 실전 전략

추천은 강력하지만, 그만큼 편향을 강화하기 쉽다. 자주 클릭하는 정보와 익숙한 콘텐츠만 접하다 보면 우리는 점점 정보의 고리 안에 갇히게 된다. 이 흐름을 벗어나려면 알고리즘을 넘어서는 질문을 설계해야 한다. 반대 관점을 의도적으로 포함하고, "이 주장에 반대하는 견해는 무엇인가?"와 같은 질문을 던지며 다른 시각을 끌어들인다. 또 정보의 전제를 의심하고, 출처와 메시지의 의도를 살피며, "왜 이 방식으로 제시되었을까?"를 물어야 한다. 이를 통해 단순히 제공되는 정보에 머무르지 않고 더 넓은 시야를 확보할 수 있다.

질문을 확장해 다른 분야, 지역, 역사적 맥락과 연결하고, "이 현상은 다른 나라에선 어떤가?"와 같은 물음을 통해 탐색의 지평을 넓히자. 다뤄지지 않은 공백과 침묵을 의식하며 "이 주제에서 사라진 목소리는 무엇인가?"를 질문하는 태도도 중요하다. AI 시대에 정보의 양은 더 이상 문제가 아니다. 핵심은 우리가 어떤 질문을 던지느냐에 있다. 편향을 인식하고 이를 깨는 질문을 던질 때, 우리는 다시 탐색하는 인간이 된다.

참고문헌

김소연·박기범(2024). 알고리즘 리터러시 함양을 위한 사회과 수업 구성에 관한 연구. 《한국초등교육》, 35(2), 137~153쪽.

김종욱(2024). AI 추천시스템 기반 버티컬 플랫폼의 개인화 서비스 특성과 효과 연구. 《한국산학기술학회논문지》, 25(5), 88~98쪽.

하대청(2022). 주의 통치하기: 유튜브 추천시스템과 심리-알고리즘적 주체. 《과학기술학연구》, 22(1), 145~172쪽.

Bakshy, E. et al.(2015). Exposure to Ideologically Diverse News and Opinion on Facebook. *Science, 348*(6239), pp.1130~1132.

Binns, R. (2020). Fairness in machine learning: Lessons from political philosophy. *2020 Conference on Fairness, Accountability, and Transparency*, pp.149~159. https://doi.org/10.1145/3351095.3372836

Nguyen, T. et al.(2014). Exploring the Filter Bubble: The Effect of Using Recommender Systems on Content Diversity. *23rd International Conference on World Wide Web*, pp.677~686.

Noble, S. U.(2018). *Algorithms of Oppression: How Search Engines Reinforce Racism*. NYU Press.

Pariser, E.(2011). *The Filter Bubble: What the Internet Is Hiding from You*. Penguin Press.

09
사유형 탐색을 활용한 나만의 지식 시스템 구성

사유형 탐색 vs 전통적 검색. 이 장은 표를 통해 전통적인 '검색'과 AI의 기억(Memory) 기능과 연계된 '사유형 탐색'의 본질적인 차이를 명확히 비교한다. 접근 방식, 결과, 정보 흐름, 사용자 및 AI의 역할, 사고방식 등 다양한 측면에서 사유형 탐색이 어떻게 질문 기반의 연속적이고 확산적인 사고를 통해 관점 확장을 돕는지를 설명한다.

AI와 화장품?

AI와 나만의 두뇌를 연결하다: 노트북LM과 함께 만든 지식 + 팟캐스트 시스템

다양한 주제를 공부하며 논문, 기사, 메모를 모아 왔지만, 그 많은 정보는 폴더 속에 저장된 채 활용되지 못했고 사고는 점차 흐릿해졌다. 자료를 다시 찾거나 같은 내용을 반복 정리하며 막막함을 느끼곤 했다. 그러던 중 구글의 노트북LM(NotebookLM, 구글의 개인화 문서 요약 및 질문 응답 AI 도구)을 만나게 되었고, 이 도구는 내가 올린 문서와 노트를 학습해 마치 개인 조교처럼 질문에 맥락 있게 답하며 나의 기억과 사고를 확장했다. 노트북LM은 단순한 정리 도구가 아니라 나만의 지식과 사고의 파트너가 되었고, 축적된 정보와 생각을 기반으로 나만의 AI 팟캐스트 제작에 도전할 수 있게 했다.

노트북LM은 정보를 저장하는 공간을 넘어, 질문하고 연결하며 발화를 돕는 통합 지식 플랫폼이다. 나는 이제 자료를 단순히 쌓는 사람이 아니라, AI와 협업해 정리하고 말하며 공유하는 지식 생산자가 되었다. AI는 나의 기억을 보조하고 사고를 이어 주는 조력자이며, 나만의 목소리를 만들어 주는 '말하는 도우미'이자 두뇌 확장 시스템이다. 중요한 것은 AI와 함께 정보를 넘어 사고와 발화로 나아가는 우리의 태도다.

‘어떻게 정리하느냐’가 ‘어떻게 생각하느냐’를 만든다

개인의 정보 조직 방식이 사고의 틀을 바꾼다. 누구나 좋은 글귀를 스크랩하고 논문을 저장하며 강연 영상을 북마크하지만, 막상 그것을 다시 꺼내어 자신의 언어로 정리하거나 활용하기는 쉽지 않다. 자료는 풍부하지만, 생각은 파편적인 이유는 정보를 모으는 데는 익숙하지만 조직하는 법은 배우지 않았기 때문이다. 정보를 어떻게 정리하느냐는 단순한 습관이 아니라 사고의 구조를 만드는 방식이다. 정리 방식은 곧 생각의 방향을 이끌며, 질문 중심으로 자료를 분류하는 사람은 늘 새로운 자료에서 문제의 본질과 맹점을 떠올리지만, 단순 축적 중심의 사람은 정보의 저장만을 고민한다. 정리의 방식이 사유의 기반이 되는 순간, 우리는 단순한 정보 소비자가 아니라 자기만의 방식으로 세계를 해석하는 존재가 된다.

노트북LM이나 챗지피티 같은 AI 도구가 강력한 이유는 개인의 정리 체계와 사고 틀을 따라 함께 생각해 주기 때문이다. AI는 사고를 대신해 주는 것이 아니라 내가 만든 구조에 맞춰 사고를 확장해 준다. 같은 정보를 접하더라도 이를 단순히 저장하는 사람과 비판적 질문의 계기로 삼는 사람은 전혀 다른 지식 구조를 쌓는다. 결국 중요한 것은 기술이 아니라 정보를 어떻게 정리하고 연결하며 질문하는가다. 정리는 단순한 습관이 아니라 사유이며, 그 사유는 여러분만의 세상 보는 틀을 만든다.

AI 시대, 정리와 탐색을 넘어 '질문하는 힘'으로

정보의 정리와 조직이 사고의 구조를 만든다면, 그 구조 위에서 사고를 확장하는 힘은 결국 질문에서 비롯된다. AI는 방대한 데이터를 분석하고 패턴을 제시할 수 있지만, 그 패턴에서 어떤 의미를 읽어 내고 어떤 질문을 던질지는 인간의 몫이다. 정보와 정리가 사고의 기반이라면, 질문은 그 사고를 움직이게 하는 동력이다.

질문은 단순히 답을 얻기 위한 수단이 아니다. 질문은 사고의 출발점이자, 탐색과 의미 구성을 가능하게 하는 지적 도구다. AI 시대의 질문은 더욱 중요해졌다. 단순한 키워드 중심 질문은 AI의 잠재력을 충분히 끌어내지 못한다. 맥락을 담은 질문, 다양한 관점을 고려한 질문, 관계와 의미를 묻는 말이 사고의 지도를 넓힌다.

AI는 정리된 정보 위에서 질문에 반응하며, 그 질문의 수준과 구조에 따라 제공하는 정보와 분석의 깊이가 달라진다. 중요한 것은 AI가 아닌, 질문을 던지는 사람의 태도다. AI 시대의 경쟁력은 정보를 많이 아는 것이 아니라, 좋은 질문을 던지고 그 질문으로 사고의 지도를 확장하는 데 있다. 정리된 자료와 지식은 질문을 통해 살아나고, 그 질문은 다시 사고의 새로운 연결을 만들어 낸다.

참고문헌

김소연·박기범(2024) “알고리즘 리터러시 함양을 위한 사회과 수업 구성에 관한 연구”. 《한국초등교육》, 35(2), 137~153쪽.

김종욱(2024) “AI 추천시스템 기반 버티컬 플랫폼의 개인화 서비스 특성과 효과 연구”. 《한국산학기술학회논문지》, 25(5), 88~98쪽.

하대청(2022) “주의 통치하기: 유튜브 추천시스템과 심리-알고리즘적 주체”. 《과학기술학연구》, 22(1), 145~172쪽.

Binns, R. (2017) “Fairness in Machine Learning: Lessons from Political Philosophy” *2018 Conference on Fairness, Accountability, and Transparency*, pp.149~159. https://doi.org/10.1145/3351095.3372836

Boden, M. A.(2004). *The Creative Mind: Myths and Mechanisms (2nd ed.).* Routledge.

Floridi, L.(2013). *The Ethics of Information.* Oxford University Press.

Reynolds, L. & McDonell, K.(2021). Prompt Programming for Large Language Models: Beyond the Few-Shot Paradigm. https://arxiv.org/abs/2102.07350

10
AI에게 무엇을 묻고, 무엇을 남길 것인가

AI 시대의 새로운 태도. 기억하고 질문하라. 이 책의 마지막 장은 질문이야말로 인류 지성의 진정한 시작임을 강조하며, AI가 우리의 대화를 기억할수록 인간의 사유는 더욱 깊어질 수 있음을 제시한다. AI를 단순한 도구가 아닌 사유의 동반자로 삼아, 혼자가 아닌 AI와 함께 사고의 여정을 이어 가는 새로운 시대의 태도와 가능성을 제시하며 마무리된다.

종교와 AI?

이제 더 이상 검색하지 말고, 탐색하라. 질문하라. 사유하라.

우리는 오랫동안 네모난 검색창에 단어를 입력하고 클릭하며, 키워드 중심의 검색에 익숙해져 왔다. 빠르게 정보를 얻는 데는 유용했지만, 그것이 곧 깊은 이해나 진정한 사유로 이어지지는 않았다. 빠른 정답은 있을지언정, 좋은 질문과 그로부터 나오는 의미의 확장은 검색만으로는 이뤄지지 않는다.

최근 나는 AI와 함께 탐색하는 방식을 선택하고 있다. 단어 하나를 넣는 대신, 맥락을 담고 시야를 넓히며 가능성을 질문한다.

예컨대, "전쟁과 평화는 어떻게 공존할 수 있을까?", "AI는 인간의 사유를 대체하는가, 확장하는가?", "좋은 질문은 어떤 구조를 가질까?"와 같은 물음들은 AI에게 단편적 정답이 아닌, 다양한 시각과 철학적 배경, 사례와 반론을 요청하게 만든다. 그것은 마치 AI와의 대화를 통해 생각의 여백을 넓혀 가는 과정이다.

우리는 지금 정보의 시대를 넘어 사유의 시대로, 검색의 시대를 넘어 탐색의 시대로 진입하고 있다. AI는 정답을 주는 기계가 아니라, 사유의 거울이 될 수 있다. 중요한 것은 정보를 얼마나 빨리 찾느냐가 아니라, 어떤 질문을 던지고 그것을 통해 얼마나 깊이 사유하느냐다. 이제 필요한 것은 검색이 아니라 탐색이며, 질문이고, 사유다. AI 시대의 지성은 정보를 소비하는 태도를 넘어서, 의미를 생성하고 연결하는 사고의 힘에서 시작된다.

AI 시대의 질문, 인간의 영혼을 비추는 거울이 될 수 있는가

AI는 방대한 데이터를 분석하고, 통계적 연관성을 기반으로 논리적 답을 생성한다. 그러나 AI가 제공하는 답은 어디까지나 수많은 텍스트와 패턴의 조합일 뿐, 그 안에 스스로의 신념이나 신앙, 영혼의 울림은 담기지 않는다. 인간은 단순히 정보를 찾는 존재가 아니라, 의미를 묻고 영혼의 방향을 탐구하는 존재다. "신은 존재하는가?", "삶의 의미는 무엇인가?", "악은 왜 존재하는가?"와 같은 질문은 인간이 세계를 이해하고 자신의 존재를 성찰하며 공동체와의 관계를 고민하게 만든다.

AI는 이러한 질문에 철학적, 신학적 관점을 나열하고 역사적 논쟁을 정리할 수 있다. 그러나 그 답은 어디까지나 요약된 지식의 형태에 머무른다. 중요한 것은, 그 질문을 던지는 인간의 태도다. 우리는 AI에게 던진 질문을 통해 스스로를 돌아보고, 자신의 가치관과 신념을 다시 묻게 된다. AI의 답은 우리가 진정 묻고자 했던 질문의 본질을 되돌아보게 하는 거울이 된다.

AI 시대에 질문은 단순히 정보를 얻기 위한 도구가 아니다. 질문은 나를 성찰하고, 나의 사유와 영혼의 깊이를 재는 기준이 된다. AI에게 무엇을 묻느냐는 결국 내가 어떤 존재로 살아가려 하는지, 무엇을 책임지려 하는지에 대한 선언이 된다. 우리는 AI에게 질문을 던지며 기술 너머의 의미, 인간다움의 본질을 탐색해야 한다. 그것이 AI 시대의 질문이 남길 수 있는 가장 소중한 유산이다.

AI와 함께 사유한다는 것

AI는 지식을 주는 기계가 아니다. 그보다 더 중요한 것은, 우리가 어떤 태도로 AI와 마주하고 있는가다. 빠른 답을 원한다면 AI는 훌륭한 도구다. 하지만 깊은 질문을 던진다면, AI는 거울이 된다. 그리고 질문을 반복하며 함께 사유할 때, AI는 길이 된다.

우리는 이제 새로운 시대의 문턱에 서 있다. 정보를 찾던 시대는 지나고, 의미를 만드는 존재로 살아가야 하는 시대가 왔다.

그 길의 동반자로서 AI는 내가 어떤 존재인지, 무엇을 갈망하는지, 어떤 세계를 꿈꾸는지 함께 묻고, 함께 기록하고, 함께 사유할 수 있다.

이 책의 여정을 통해 우리는 AI 시대를 살아가는 우리의 새로운 자세에 대해 깊이 생각해 보았다. 단순한 검색을 넘어서 능동적인 탐색, 도구를 넘어 사유의 파트너로서 AI를 받아들이는 태도, 그 핵심에는 결국 '어떤 질문을 던지는가'라는 본질적인 물음이 자리하고 있다.

AI라는 정말 강력한 엔진이 있지만, 그 운전대는 여전히 우리가 잡고 있다. 질문의 질이 곧 AI 활용의 수준을 결정하고, 더 나아가서는 우리의 사고 깊이와 방향까지 결정하게 된다.

이제 AI는 우리의 질문과 대화를 기억하기 시작했다. 그렇다면 여러분은 AI에게 어떤 질문을 던지고 있는가? 그리고 그 질문을 통해, 궁극적으로 무엇을 발견하고, 어떤 생각의 흔적을 남기고 싶은가? 이 질문을 곱씹으며, 이 책에서 함께 나눈 탐색의 여정을 마무리하길 바란다. AI 시대는 질문하는 자에게 열려 있다. 그리고 우리는 함께 사유할 줄 아는 존재다.

생성하지 않고 생성하는 시대, 그 경계 위에 선 우리에게

이제 마지막으로 우리는 질문한다.

우리가 매일 만들어 내는 '생성물'은, 과연 생성되고 있는가?

유영만 교수의 통찰처럼, 생성은 단지 결과를 뽑아내는 것이 아니라 변화하고 되며 맥락 속에서 살아 움직이는 과정이다. 그의 페이스북 포스팅은 이 책이 탐구한 주제들과 놀라울 만큼 유사한 문제의식에서 출발한다.

인공지능은 생성한다. 끝도 없이 문장을 뽑아내고, 이미지와 영상을 만들어 낸다. 그러나 거기에는 서성거림도, 망설임도, 사유의 발효도 없다.

생성은 있지만, 생성됨(becoming)은 없다.

이 빠른 생성의 시대에, 인간은 점점 '되지 않음'의 존재로 변하고 있다.
사유하지 않고 말하는 인간,
겪지 않고 말하는 인간,
질문하지 않고 대답하는 인간.

우리가 맞이한 이 전환점에서, 우리는 단순한 생산자(generators)가 아니라 끊임없이 생성되는 존재(becomings)로 살아갈 용기를 가져야 한다.

생성(generation)은 출력이지만, 생성됨(becoming)은 변화다.

앞선 챕터들에서 우리는 AI를 AI에게 어떻게 질문하고, AI와 어떻게 협업하며, AI를 어떻게 함께 사유의 여정으로 초대할지를 고민해 왔다.

이제 마지막으로 묻자.
당신은 오늘도 무엇을 만들었는가?
그리고 당신은 그 과정에서 무엇이 되었는가?

속도의 시대에, 밀도를 선택하자.
답변의 시대에, 질문을 붙들자.
생성의 시대에, 생성됨의 존재로 살아가자.

AI는 대답할 수 있다.
그러나 우리만이 사유할 수 있다.

참고문헌

옥현진 외(2017). "디지털 리터러시 표현 영역의 인지적 특성 탐색". 《작문연구》, 33, 31~63쪽.

이재현(2020). “인공지능과 미디어-커뮤니케이션 연구”. 《언론정보연구》, 57(3), 5~40쪽.

Boden, M. A.(2016). *AI: Its Nature and Future*. Oxford University Press.

Floridi, L.(2014). *The Fourth Revolution: How the Infosphere is Reshaping Human Reality*. Oxford University Press.

조명대

성균관대학교에서 박사 학위를 취득한 시맨틱 기술 및 융합 기술 연구 분야 전문가다. 국토개발연구원에서 연구원으로 경력을 시작한 후, 미국 시라큐스대학교와 UCLA에서 컴퓨팅 조교(Computing Assistant)와 수업 조교(Teaching Assistant)로 활동하며 학문적 기반을 다졌다. 이후 성균관대학교와 서울대학교 융합과학기술대학원 등 국내외 주요 대학에서 겸임교수와 연구자로 활동하며 학계와 연구 개발 분야에 기여했다. 특히 서울대학교 차세대로 데이터와 기록학 분야의 교육과 연구를 이어 가고 있다. 융합과학기술연구원 링크드 데이터(Linked Data) 연구센터 센터장으로서 데이터를 활용한 융합기술 연구를 선도하며, 융합과학기술과 데이터 관리 분야에서 중요한 성과를 거두었다. 현재는 한국외국어대학교 정보·기록학과 겸임교수로 재직 중이다. 실제 시맨틱 기반 연계 탐색형 시스템 개발에 집중하고 있다.